LE JARDIN INTERROMPU

A ma femme qui m'a si souvent demandé d'écrire « Le livre de ma Grand-mère »

PRÉFACE

Ce qui émeut plus que ne surprend dans cet ouvrage, c'est, entraîné dans le monde désuet d'un présent d'autrefois, sans traumatisme, sans effort, presque à notre insu, comme dans les rêves, être soudain « de l'époque ».

Jusqu'au « parler » ressurgissant qui s'avère évident et comme de tout temps pratiqué par nous, qu'une logique parfaite de l'usage rend immédiatement accessible (voyez les pages 18 et 19 par exemple), presque personnel.

L'étrange est que, dans la lecture d'un récit, qui n'est ni de votre temps ni de votre terroir, vous devenez progressivement le narrateur racontant la vie d'un autre qui se surprend à raconter en fait la vôtre. Celle que vous aviez perdue de vue.

Par quelle manipulation qui n'est point maléfique, Antoine Blanchemain fait-il progressivement de vous un autre, vous confirmant insidieusement dans celui que vous êtes en fait, ou que peut-être vous avez été, sans pour autant oublier ses propres sources.

Lui est un autre, ici, au sens plein du terme et jusque dans son intrigante banalité. A ce dernier mot, il convient de donner son acception originaire et non point la couleur péjorative à laquelle il est parvenu après trop de mauvais traitements.

Mais c'est cela qui semble vous éclairer. Vous pénétrez un ailleurs bien connu, un lieu, j'oserais dire fondamental, profondément enraciné, le lieu de tous les lieux, un site de mémoire paradoxalement immémorial bien qu'implanté dans une terre et son territoire tous deux historiquement et géographiquement vérifiables.

En cela réside le mystère de l'écriture d'Antoine Blanchemain, de la langue qu'il façonne, creuse, pétrit, transforme à votre usage et qui, de par ses seules nuances, ses seuls modelés devient la vôtre, laissant naître une voix intime, tréfoncière, possessive même, dans la simplicité d'un classicisme et son humilité.

C'est une sorte de quotidien trop longtemps refoulé dans l'oubli qui suinte soudain, inondant de ses fragrances quelque chose comme un souvenir imprécis mais réel, persistant, semblable à une intonation éphémère qui s'éternise, cependant que doté d'une implacable précision. Celle d'un déroulement sans violence sans doute, à la surface duquel elle émerge pour aussitôt s'y re-enfouillir. Dans la crainte probable que trop de concision datée ne porte préjudice à une évocation trop fragile, trop fluente et que brusquement cessent le rêve et la vérité qu'il tisse et éclaire par la seule vertu d'un sourire fugace, parfois tristement nostalgique.

Il semble qu'il convient de lire, si j'ose dire, sans se retourner dans le souci de vérifier dangereusement la réalité d'une promesse conditionnée, pour ne point courir le risque de ne ramener avec soi dans ce retour que le souvenir d'une ombre qui s'éloigne. D'un passé peut-être aux exigences de présent.

Oui, je crois que tout le charme (en son sens magique) de cet ouvrage, sa simple beauté qui n'a d'équivalent que celle qui lentement colore le visage des êtres qui vieillissent dans l'amour, reposent sur une écriture polie jusqu'à l'évidence. Une écriture qui vous est propre, que l'on écoute et qui vient du plus profond de vous-même et fermement s'épanouit.

Ainsi, sous les dehors d'un ethnographique parcours, s'insinue une bien étrange poésie, à la fois lointaine et prégnante, naissant sans conteste d'une réalité parfaitement saisie parce qu'amoureusement documentée.

Pierre Torreilles

« Ce que je veux, c'est élargir en moi l'enfant,
dépasser l'enfance dans le sens opposé. »

Henry Miller
(Tropique du Cancer)

I

Bien sûr, je savais où aller, mais je n'ai prévenu personne. Je savais même que malgré cet éloignement, ce silence de cinquante ans, je serais bien reçu ; qu'elle ferait rôtir une volaille et qu'elle me préparerait des œufs au lait, comme ceux que faisait sa mère, mais j'avais décidé que ces premiers moments ne seraient qu'à moi seul.

J'ai ralenti dès que le village est apparu après le carrefour, au bout de la ligne droite à un kilomètre. C'est une unité de mesure qu'on utilise couramment au bourg : « C'est loin comme d'ici à Galette ». L'image ancienne du groupe de maisons autour du clocher s'est fidèlement reformée devant mes yeux ; et l'appréhension a recommencé de s'affronter au plaisir. Rien, décidément n'a changé en moi. Rien n'a changé ici non plus. Je reconnais toutes les maisons et même les enseignes. Il y a plutôt moins de maisons abandonnées, volets clos, que dans les villages que j'ai pu traverser ailleurs. La boucherie est toujours là, ouverte tôt le matin et je passe vite pour ne pas être obligé de m'arrêter, de reconnaître, de parler.

Voici l'église et son clocher ; contrairement à ceux des autres villages qui nous entourent, il n'a rien de remarquable, aucune particularité qui permette de le signaler : il est seulement large, très haut et plutôt massif. Je n'ai jamais su s'il était beau ou non. Quelques mètres plus loin, le retrait des maisons, jusque-là soigneusement alignées le long de la rue laisse un espace vide, une espèce de place où je peux m'arrêter. Le café est toujours là, mais il est fermé et on n'y coupe plus les cheveux dans un coin près de la fenêtre ; car le cafetier était aussi perruquier et, de l'autre côté de la grande pièce où vivait toute la famille, il y a longtemps sans doute qu'on ne fait plus de sabots dans l'atelier, même si derrière la fenêtre les outils sont encore pendus au mur. Le sabotier, qui était un employé du coiffeur, avait mauvais caractère et c'est bien dommage : je serais allé plus souvent le voir travailler, car c'était un miracle, le mot n'est pas trop fort, de voir naître d'une bûche prise sur le tas un sabot à vos mesures en moins d'une demi-heure ; le temps de boire une chopine dans la salle à côté.

Plus encore que l'adresse du vieillard chenu et grognon, l'efficacité des outils était admirable. Il fallait en utiliser plusieurs, l'un après l'autre. La grande lame munie d'une courte courroie de cuir fixée sur l'établi donnait la première forme en enveloppant la bûche de ses caresses amples et précises. On affinait ensuite avec la plane qui servait aussi à creuser la semelle jusqu'au talon. Il fallait enfin tout un jeu de tarières et de gouges pour façonner l'intérieur du sabot. Debout, appuyant de toutes ses forces le manche de l'outil sur son torse vêtu de cuir, le bonhomme faisait remonter des profondeurs de la bûche de longs copeaux de bois blanc qui venaient fleurir le sol autour de lui. Depuis le temps qu'il évidait des sabots, il s'était creusé lui aussi à l'endroit de la poitrine et, dès qu'il sortait de son échoppe, ce magicien n'offrait plus que la silhouette voûtée d'un infirme.

Il n'y a personne aujourd'hui, aucun passant dans la rue, et c'est le silence. Toujours le même ennui aussi. Je retrouve l'ordre des maisons, la couleur des façades, le nom et le visage de ceux qui demeuraient derrière chacune d'elles. Est-ce qu'on m'espionne encore derrière les rideaux en dentelle des fenêtres ? Je contourne l'église par la petite ruelle sans soleil sur laquelle s'ouvre la porte du chœur, par où entraient les hommes, face à la boulangerie.

Il faudra aller voir la maison de famille aussi, même si cela doit être difficile ; de loin au moins. Je ne pourrai pas faire autrement, ne serait-ce que pour sentir mes pieds buter sur les pierres du petit chemin en pente qui y conduit ; mais plus tard. Pressé soudain, je traverse la rue pour dévaler le sentier qui conduit au lavoir ; ce qu'on appelait « la fontaine » : mot oublié. Où est la source de la rivière, où était le cœur du bourg ; où était aussi la source de toutes les paroles, de ce bouillon de médisances dans lequel flottaient nos vies à tous. C'est le plus bel endroit ; j'en retrouve tout le mystère, simple et facile et l'immense attrait que je ressentais en me penchant du haut du parapet, au-dessus de l'eau claire où flânait toujours quelque truite. Je retrouve mon attente, tant de fois éprouvée ici, celle d'une vie à venir, mystérieuse et forte comme ce petit tourbillon têtu qui monte toujours du fond de la grande vasque de pierre en agitant un fin gravier.

Ne suis-je revenu que pour des émotions aussi simples, aussi banales ? Ou bien ai-je encore quelque chose à démontrer, quelqu'un à convaincre, quelque faute à réparer ? Dans ce pays que j'ai toujours refusé de reconnaître pour mon pays natal, en précisant à chaque fois que non seulement je n'y étais pas né, mais que je l'avais fui dès que je l'avais pu. Pays si longtemps renié ; pourquoi ? Et pourquoi revenir ?

II

Il était aussi naturel pour lui de dire « Pépère et Mémère » que pour les autres de dire « Papa et Maman ». On ne pouvait pas imaginer d'ailleurs ce que fût devenu ce gamin de trois ans, après la mort brutale de sa mère, si ses grands-parents ne l'avaient pas recueilli ; pas plus qu'on ne pouvait imaginer qu'ils n'eussent pas fait ce geste. On était à la campagne, il y avait un grand jardin, il n'y avait pas et il n'y aurait jamais d'autre petit : celui-ci ne manquerait jamais de rien « tant qu'on sera là tous les deux », précisait la grand-mère.

Avec ses soixante-six ans et ses jambes à demi paralysées, ce n'est pas un petit engagement qu'elle avait pris mais, disait-elle, « tout ce que je demande, c'est de pouvoir le mener jusqu'à sa communion ». A dire vrai, ce n'était qu'une précaution de principe, qu'elle énonçait avec quelque malice car, au fond d'elle-même, elle ne doutait pas de pouvoir faire face pendant le temps qu'il faudrait. Elle était assez fière et assez dure à la peine pour cela. Peut-être aussi avait-elle le sentiment de recommencer sa propre vie, au temps où elle aimait de toutes ses forces un autre enfant qui était son fils, le père de celui-ci ; un enfant qu'elle aimait toujours autant, maintenant qu'elle ne pouvait plus l'avouer à personne. En tout cas, elle n'avait jamais demandé combien durerait le temps de la pension, ni si elle recevrait un peu d'argent : ça n'aurait pas été dans l'ordre. Or, il y avait une chose que le gamin avait tout de suite sentie en arrivant ici, c'est que tout y était dans un ordre naturel, simple et définitif.

Il avait de vieux grands-parents qui l'élevaient, et un père.

Depuis son veuvage, celui-ci, sans autre point fixe que la maison de ses parents, avait au moins une bonne raison d'y revenir chaque dimanche, de retrouver sa chambre – mais il devait maintenant la partager avec son fils –, ses amis d'enfance, ses habitudes anciennes, bref, de reprendre sa place. Si quelqu'un de moins familier, au café par exemple, faisait mine de s'étonner, il s'empressait de rappeler que sa pauvre Marguerite lui avait fait jurer, sur son lit de mort, de ne jamais se remarier. Sa propre mère était comme elle morte en couches et cela s'était mal passé avec la nouvelle femme du père. « Je ne veux pas que mon petit connaisse ce que j'ai connu. » Elle avait dit cela avec tant de force que les voies de l'avenir s'en étaient trouvées scellées à jamais. Une ou deux fois on avait entendu la grand-mère commenter : « Elle a cru bien faire », ou bien au contraire : « Ah la la, il aurait bien mieux fait de ne pas l'écouter », mais c'était toujours en dehors de la présence de son fils, et personne n'avait relevé, car tous savaient à quoi s'en tenir. La pauvre morte pesait ainsi sur chacun de toute son absence, bien plus qu'elle n'avait jamais pesé de son vivant.

Mais on pouvait se passer d'elle.

Le gamin était heureux : il se sentait aimé ; on ne lui demandait que d'être sage, ce qui n'est pas grand-chose, surtout si on vous le demande souvent, et obéissant, ce qui n'est pas difficile quand on sait que, du bout de la table, la grosse main qui pend au bout du bras du grand-père s'abattra sans faiblesse en cas de défaillance. Pas comme celle de sa bonne femme de grand-mère, qu'elle ne pouvait jamais lever sur lui sans qu'ils partent aussitôt d'un même éclat de rire. Il était aussi, il est vrai, plus facile de lui échapper puisqu'elle ne pouvait jamais quitter sa chaise sans avoir largement assuré son équilibre au préalable en recherchant l'appui du meuble le plus proche. Non, elle n'était pas armée pour cette sévérité-là ; au contraire, il lui arrivait de déplorer celle du grand-père, qui semblait permanente, même si elle en jouait sans vergogne pour mieux se faire craindre et obéir. Cela créait entre ces deux êtres une sorte de complicité, certainement injuste envers le pauvre homme qui passait des heures dans la solitude et le silence du jardin, mais bien agréable pour eux.

Il y avait, tous les soirs, le plaisir de réciter les leçons, ou de rapporter des bonnes notes. « Mémère, je suis encore premier ! » Loin de le réprimer ou même de le regretter, Mémère encourageait vivement ce manque de modestie, car il devait être bien établi que son petit gars, comme jadis son propre fils, était le plus intelligent du village, même si ça ne devait pas plaire à tout le monde.

Il y avait aussi la messe, et la dévotion partagée ; il y avait le café au lait du jeudi, qu'elle lui apportait au lit avec des tartines grillées et beurrées ; il y avait les longs après-midi de pluie pendant lesquels ils vivaient le même silence, lui allongé sur une carpette au milieu des livres épars, elle devant sa machine à coudre, perdue dans un interminable ravaudage ; il y avait aussi la chanson des crêpes qu'il réclamait à chaque Chandeleur :

« Mardi gras, n't'en vas pas, j' f'rons des crêpes, j'f'rons des crêpes,

« Mardi gras, n't'en vas pas, j' f'rons des crêpes et t'en mangeras »

La chanteuse traînait sur les notes finales, ce qui accentuait le caractère un peu triste de la mélodie, si bien qu'arrivée au second couplet : « Mardi gras s'en est allé, point de crêpes il a mangé... », tout s'effaçait, se confondait dans un vrai désespoir : les paroles, la musique, Mardi gras, lui, le départ sans retour, et ce qu'il savait déjà de la vie.

Il y avait heureusement d'autres chansons qu'elle lui fredonnait aussi, sorties d'un petit livre noir tombé d'on ne savait quelle bibliothèque, tout le vieux fonds, depuis « Les chevaliers du guet » jusqu'à l'interminable « Cadet Rousselle » qu'elle connaissait par cœur en entier.

Il y avait enfin cet amour instinctif mais passionné qu'elle avait pour le langage, créant un mot, une expression, à chaque fois que son sentiment, s'il était de colère ou de révolte, ne parvenait pas à s'écouler par le canal des mots habituels. Evitant soigneusement toute grossièreté, toute interjection trop facile, elle en creusait et façonnait de nouveaux, qu'elle peignait de couleurs vives, à moins que d'un bref coup de patte, d'une intonation, elle ne parvînt à redonner une force nouvelle à un mot trop érodé par l'usage. Souvent, il suffisait de rajouter une voyelle, un « a » le plus souvent, pour constituer la troisième syllabe qui rendra le mot plus fort : Mémère ne parle pas de « fourgonner » dans un tiroir ou une armoire, mais de « fourgo-a-nner » en faisant chanter le « a » ce qui marque davantage d'agacement devant celui qui cherche sans rien trouver, Pépère bien sûr. Quand elle est en colère après le gamin, elle ne lui demande pas ce qui lui est passé par la tête, mais dans la hure, ou plutôt « dans la hu-r-ne », ce qui permet de faire rouler le « r » de la colère et ainsi de mieux se faire entendre. Dans tout le pays d'ailleurs, on préfère les mots qui marchent sur trois pattes : on ne parle pas par exemple de la ferme de Bondereau, dont on avalerait immanquablement le « e » muet, mais de « Bonderiau », ce qui oblige à le prononcer. De quelqu'un qui s'est empressé de parler de quelque chose qui aurait mérité plus de discrétion ou de modestie, elle déplore qu'il soit allé « clafourner » son propos dans tout le village, ce qui illustre que la clameur lui a fait ouvrir un trop grand four ; et si on la contredit, elle ne dit pas qu'on l'embête, mais bien « qu'on l'hébète » ; pas moins. Mémère excelle enfin à faire d'une onomatopée,d'un bruit,un verbe de plein droit : les rats ont un couinement aigu et désagréable, c'est connu ; il y en a plein le grenier : « Vous ne les avez pas entendu "roincer" toute la nuit ? »

Tous ces mots qu'elle fabriquait, tout en gardant leur racine profonde, ne se rattachaient pas nécessairement aux familles du dictionnaire, mais ils étaient à ce point adaptés par leur longueur, leurs accents, et par leur intonation à l'émotion qu'ils voulaient traduire, que cela suffisait à leur donner un énorme pouvoir d'évocation. Tout le monde ici sait bien d'ailleurs, même si nous ne sommes que les enfants les plus éloignés de la Touraine, qu'on est dans le pays où l'on parle le français le plus pur.

L'intimité entre la vieille grand-mère et le gamin était forte, et constante ; elle ne l'appelait par exemple jamais par son prénom ou par quelque diminutif plus ou moins mièvre ; elle ne disait pas non plus « mon petit gars », mais simplement « petit gars », ce qui lui donnait un peu plus d'indépendance. Exempte de tout excès, leur relation était à la fois pleine de tendresse et sans équivoque : la joue pendante et molle sur laquelle il aimait poser un baiser – jamais deux – n'était pas celle d'une jeune femme et il n'aurait jamais supporté aucun autre contact physique que ces baisers du soir et du matin. A dire vrai, il avait même un peu honte de cette vieillesse, quand il devait assister à la toilette et à l'habillage de la vieille femme, le dimanche matin avant de partir avec elle à la messe ; au lent démêlage d'une longue chevelure encore très noire et qu'il fallait fixer, par étapes successives grâce à des épingles, en un montage compliqué qui aboutirait à la mise en place de deux vagues parallèles de chaque côté de la raie : elle appelait ça des « coques ». Cette coiffure était celle de toutes les vieilles de son âge, qui s'étaient véhémentement scandalisées quand quelques jeunes de quarante ans avaient fait couper leurs cheveux, laissant apparaître une nuque rasée qu'il était convenable de trouver impudique. Le plus gênant, c'était bien l'épreuve du corset ; assise, et redressant avec effort un dos sans souplesse, elle commençait par les agrafes du bas, puis, se coulant au mieux dans l'armature à mesure que celle-ci s'élevait, elle terminait en relevant le menton afin de bien dégager le thorax. Tout cela faisait un peu peur et le gamin était bien heureux quand elle avait enfin revêtu sa jupe noire et son corsage noir, de retrouver enfin l'image familière et rassurante. Ce n'était plus alors qu'une bigote comme les autres, portant comme elles le même ensemble de deuil, depuis la fin de la guerre qui les avait toutes laissées veuves d'un mari, d'un fils, d'un frère. Même silence en se donnant l'une à l'autre l'eau bénite en entrant dans l'église, mêmes gestes, à l'exception de la génuflexion que son infirmité lui interdisait. Depuis qu'une maladie mystérieuse mais qu'on savait liée à la guerre l'avait laissée sans connaissance pendant une ou deux semaines, elle était, comme elle disait, estropiée. Les pieds déformés, tournés en dehors, elle ne pouvait marcher qu'en se déhanchant et en se tenant très raide, le haut du corps porté en arrière. « Le curé est venu me donner l'extrême-onction » ; elle riait encore de ce bon tour qu'elle avait joué à tous ceux qui l'avaient crue morte. Accrochée au bras de son petit-fils, elle parvenait ainsi, pas après pas, à traverser tout le village pour se rendre à l'église, heureuse et fière de se montrer avec lui. On se séparait à la porte de l'église et elle gagnait tant bien que mal sa place, toujours la même, contre le mur de droite, pas très loin de l'entrée, ce qui lui permettait de dévisager les retardataires, sans presque tourner la tête. Du temps où le gamin, tout jeune, lui tenait compagnie sur le banc, après avoir soigneusement fermé la porte basse qui les séparait de l'allée, il gardait le souvenir d'avoir passé de longs moments à détailler le tableau du chemin de croix en émail qui se trouvait là : « Huitième station ; Jésus tombe pour la troisième fois ».

Maintenant, il lui fallait faire le tour de l'église par l'extérieur pour rentrer par la porte latérale du chœur, réservé aux hommes, et gagner la sacristie. Le curé n'avait eu aucun mal, bien au contraire, à obtenir l'autorisation de l'employer comme enfant de chœur le dimanche, mais il s'était fait rabrouer quand il avait émis le souhait qu'il serve aussi les messes basses en semaine. Quoi ? le priver d'une heure de sommeil ? qu'il arrive fatigué à l'école ? pour y dormir au lieu de travailler ? « tout cela pour le plaisir de deux ou trois bigotes qui n'avaient rien d'autre à faire de la journée ? » Le refus avait été sec et à peine poli. Son petit-fils ne pouvait être qu'un enfant de chœur du dimanche et, contrairement au curé, elle ne voyait là rien de péjoratif.

Leurs relations marquaient d'ailleurs qu'il ne faut jamais mélanger les choses du ciel et celles de la terre ou plutôt qu'il y en avait un qui devait être au service de l'autre. Le curé s'avisait-il de faire en chaire un sermon un peu trop précis ou de faire lors de sa visite annuelle une allusion trop personnelle ? « de quoi qu' y s'mêle ? », et elle commentait ce sans-gêne pendant plusieurs jours. Et puis, il y avait entre eux ce gros contentieux qui venait du remplacement de la vieille cloche décidé par le curé, et pour lequel on n'avait apparemment pas sollicité son avis. Il fallait dorénavant deux cloches, faisant carillon, qu'on ferait fondre tout exprès, ce qui donnerait lieu à une grandiose fête de baptême, avec parrain, marraine et venue de Monseigneur l'Évêque. Quant à l'ancienne, une prétendue fêlure justifiait sa mise au rebut. On avait attendu le baptême pendant des mois dans l'impatience, mais le jour venu, la déception avait été grande, tant les deux cloches neuves paraissaient petites dans leur robe de dentelle. Ce fut encore bien pire quand elles se mirent à sonner : le somptueux carillon attendu n'était qu'un pauvre son grêle, et le fait qu'il soit double ne changeait rien à l'affaire. La bonne femme qui regrettait sa vieille cloche n'eut désormais que mépris pour ce qu'elle appelait « des berdincettes », substantif qu'elle avait dérivé du verbe « berdancer », secouer, agiter. Quant aux appels souvent appuyés du curé en faveur du denier du culte, elle ne les entendait résolument pas. Avec sa pièce de cinq sous, percée d'un trou, qu'elle donnait chaque dimanche, il y en avait bien assez. L'enfant de chœur était gêné quand c'était son tour de faire la quête, de voir que la plupart des fidèles donnaient plus qu'elle. Elle admettait fort bien, par contre, – et sans doute jugeait-elle nécessaires –, tout l'appareil de la messe, tous ces moments durant lesquels le prêtre, transformé en lointain témoin de Dieu, s'abîmait en prières et en longues oraisons latines. Elle connaissait d'ailleurs toutes celles-ci et pouvait faire tous les répons en latin sans jamais regarder son missel. Celui-ci ne servait guère qu'à conserver les images pieuses données le jour de leur communion par le petit-fils ou la petite-fille de quelque proche, portant leur nom et la date de l'événement.

Assidue à l'office du dimanche, ainsi qu'aux messes d'enterrement, elle était fort critique vis-à-vis de celles ou de ceux qui selon elle y venaient trop souvent, tel ce grand fermier, accouru d'un autre canton, et qui s'était mis tout d'un coup à emplir l'église tous les dimanches de son chant juste, mais tonitruant. Elle en profitait pour plaindre « sa pauvre petite bonne femme » à qui il avait fait sept ou huit enfants et qui paraissait aussi fragile et menue que lui était grand et fort ; elle n'aurait pour autant jamais adressé à celle-ci plus qu'un simple hochement de tête, à la sortie de la messe. Quant à son homme à elle, il était parfaitement admis qu'il ne mette les pieds à l'église en dehors des enterrements, et comme l'immense majorité des hommes, que deux fois par an : à Pâques et à la Toussaint. Cela ne méritait aucun commentaire, en quelque sens que ce soit, et cela faisait partie de leur communion. Le dimanche matin, le grand-père allait se faire raser, chez le perruquier.

Comme toutes les familles tant soit peu aisées du village, elle offrait le pain bénit une fois par an : une couronne de brioche plus ou moins grande selon la munificence du donateur. La famille donc, tenait sa place, mais la grand-mère avait pris soin depuis longtemps de choisir, pour « donner le pain bénit », un de ces dimanches de l'Avent, quand le froid de l'hiver et le manque de pompe de la liturgie retiennent chez eux les paroissiens les plus éloignés ou les moins croyants, et qu'une petite brioche peut suffire.

Malgré ce goût qu'elle avait pour l'épargne, elle avait toujours été fière. Elle n'était pourtant que l'aînée d'une fille-mère dont elle ne parlait jamais – mais peut-être avait-elle été abandonnée ? – et ce n'était pas un grand titre de gloire en ce pays. On sait trop quand, comment et à qui cela arrive ! et puis avait-elle été ensuite autre chose qu'une domestique, travaillant dans un de ces châteaux qui parsèment la campagne ? Bien qu'elle ait hérité depuis, de ce petit bien situé en plein bourg où elle avait été si heureuse de pouvoir s'installer avec son homme, elle gardait de fréquentes relations avec certains châtelains chez lesquels elle servait naguère. Tous l'appelaient « Maria » quand son vrai nom était Marie, ou « ma bonne Maria » avec une certaine condescendance, ou plutôt avec le souvenir de cette condescendance qui laissait aujourd'hui une place plus grande à l'affection. Pour sa part, elle continuait de dire « Madame la Marquise » ou d'évoquer la mémoire, chère, de « Monsieur le Comte » sans rien laisser transparaître du léger mépris qu'elle marquait dans leur dos à propos de cette visible « débine » dans laquelle cette petite noblesse se laissait engloutir, faute de savoir travailler. Elle n'en était que plus fière d'avoir acquis la respectabilité que personne maintenant ne lui contestait. Le sérieux en tout de son homme, l'image de la petite cour devant la maison dont on disait qu'il était l'endroit le mieux fleuri de la commune, son sens de l'économie à elle, et maintenant ce gamin qu'elle élevait, tout cela lui donnait droit au respect. A son tour elle installait chacune des femmes du village à ce qui lui semblait devoir être leur vraie place. Au plus haut, était une de ses anciennes maîtresses, une simple bourgeoise pourtant, qui était devenue pour toujours : « Madame » à cause de toutes les attentions qu'elle avait eues, et de l'intérêt qu'elle avait porté aux deux garçons nés dans les combles du château où logeaient le jardinier et son épouse. La vie y avait été heureuse et l'on ne gardait pas le souvenir des longues semaines de travail, seulement celui des réceptions auxquelles le couple de domestiques était presque associé tout en assurant son service. Au reste, Maria avait su se faire respecter et elle avait une fois rappelé au gamin qu'un jour, alors qu'elle sautait un petit mur, un des jeunes invités lui avait fait compliment de son agilité et de la jolie jambe blanche qu'elle avait montrée ; « mais je lui ai dit que ce n'était point pour lui », puis en souriant, elle avait ajouté pour le petit gars : « C'est vrai que j'étais jeune et que j'avais la jambe bien faite ; même qu'avant de me marier j'aimais bien danser... » Tout cela avait beaucoup gêné le gamin qui n'avait pas aimé ce genre de confidences.

Certaines femmes, rares, étaient appelées par leur nom : c'était soit politesse envers des étrangers, soit reconnaissance du mérite qu'on accordait à une famille riche ou bien à une respectabilité sans faille. D'autres, peu nombreuses, n'avaient droit qu'au prénom de l'amitié : c'étaient Angèle, la voisine, Armance, la femme d'un ami du grand-père, Georgette, enfin, la petite boulangère dont le chignon grisonnant placé au sommet de la coiffure ressemblait à une brioche. Les filles de ces femmes-là avaient droit à la même amitié et bien après leur mariage, parties au loin, on continuait de les appeler par leur nom de famille ; comme ça, elles restaient du pays.

Enfin, il y avait les épouses venues du dehors ; celles-ci n'auraient jamais que le prénom du mari et on ignorerait toujours le leur. On disait d'elles : « la femme à René, des Places » ou bien « la femme à Henri, du Luet ».

Avec le temps, la respectabilité conquise se mêlait à sa fierté naturelle ; chacun savait pourtant que c'était cette fierté qui avait perdu son fils. Il avait été aux écoles, seul ou presque de toute sa génération ; on n'avait jamais vu d'élève aussi intelligent que lui : « Est-ce qu'il n'en remontre pas aux professeurs ? » On la laissait dire. Reçu au concours d'entrée à l'Ecole Normale, après plusieurs années de scolarité lointaine, de l'autre côté de Blois, il était aussitôt revenu ici pour s'embaucher comme mitron chez le boulanger qui était un ami des parents.

Cela avait été une rude claque pour la mère, mais elle avait fait front, et d'abord devant le père, mis devant le fait accompli. Son fils ne pouvait pas avoir tort ; il ne serait d'ailleurs jamais comme les autres et elle ne se gênait pas, même après cette folie, pour faire savoir que son garçon n'était pas pour les filles de ce pays.

Aujourd'hui encore, il n'était pas question que son petit-fils ne fût pas le premier à l'école. Elle se souvenait d'ailleurs avoir été elle-même une écolière appliquée, tout en reconnaissant parfois avoir eu la tête dure, ce qui amenait son institutrice à taper dessus pour mieux faire entrer le savoir. Elle ne faisait encore que quelques rares fautes d'orthographe et restait capable de réciter la liste de tous les départements français avec préfecture et sous-préfectures pour chacun d'eux. Cela suffisait à mettre sa culture bien au-dessus de celle des gens de son âge.

Pénétrée de la nécessité du savoir autant que de sa responsabilité envers ce petit gamin qu'elle devait élever, elle avait tenu à lui apprendre à lire elle-même. Dans un livre d'Histoire Sainte. Comment ? je n'en ai pas le moindre souvenir mais je revois très bien ce livre, recouvert de papier journal, et ce dessin très sombre sur lequel on voyait Moïse abandonné de Dieu – pourquoi ? – qui lui ordonnait : « Compte les étoiles si tu peux... », ce qui était manifestement impossible, on le voyait bien. Elle avait refusé qu'il aille à l'école avant d'avoir six ans révolus ; « il a bien le temps d'être enfermé », mais elle veillait à ce qu'il ne prenne pas de retard et il était autorisé, sinon encouragé, à lire à haute voix chaque midi, des passages du journal à son grand-père. C'était *L'Ami du Peuple*, un journal bon marché financé par un parfumeur dont on pouvait lire le nom sous le titre : François Coty. L'exploit était volontiers célébré devant l'entourage, et elle n'avait pas manqué de signaler à l'instituteur, le jour de la rentrée, qu'il savait lire le journal. Mais quels mérites fallait-il reconnaître ? les siens ou ceux du gamin ?

Très tôt, celui-ci avait été invité à faire aussi la preuve de ses talents en écriture ; par exemple en rédigeant une sorte de post-scriptum dans les lettres de fin d'année où elle disait justement qu'il était en avance pour son âge.

Il était notamment tenu, depuis qu'il savait tenir une plume – mais ça c'est à l'école qu'il l'avait appris – d'écrire sans faute à sa lointaine marraine ; une fois pour lui souhaiter la bonne année, bien avant Noël, et une seconde fois pour la remercier de ses cadeaux. La tâche était difficile, passé le « merci » de la première phrase ; tout n'avait-il pas été dit dans le premier courrier ? Il risquait, soit de se répéter, soit de dire des choses sans intérêt ce à quoi il fallait bien arriver pour finir. Que dire en effet à une personne qu'on n'a jamais vue, qui ne parle jamais de venir vous voir et dont on sait seulement deux choses : que c'était la tante de sa mère, et qu'il lui fallait deux heures chaque matin pour se peinturlurer ; et puis que peut-être elle lui laisserait un jour quelque chose en héritage car elle était riche. C'était assez dire qu'elle ne faisait pas partie de la famille.

Ces quelques remarques lâchées en passant, avaient beau avoir un air tout à fait anodin, le gamin sentait fort bien que c'était là une manière de rappeler que sa mère n'avait jamais été très appréciée dans cette maison, et qu'elle y était restée elle aussi comme une étrangère, ce dont la mort elle-même n'avait pas suffi à la faire absoudre.

Dans son immense désir de voir ce petit garçon devenir, lui, un homme raisonnable, la grand-mère avait cru devoir le charger très tôt d'une affreuse marque de confiance. Il pouvait avoir dans les six ans ; c'était un dimanche après la messe et elle avait simplement dit : « Va chercher ton papa dans le bourg et dis-lui que c'est l'heure de dîner. » Le gamin avait dû faire le tour de deux ou trois salles de café avant de trouver le coupable et de le ramener en le tenant par la main aussi fier que malheureux. La grand-mère avait dit à voix basse : « Il est encore fou ! ». Jamais elle n'eût dit : « saoul », tant ce mot évoquait de choses honteuses, inadmissibles, qui ne pouvaient s'appliquer qu'à de pauvres hères, comme Pierre Martin et non à son fils, mais la découverte avait ouvert dans la vie jusque-là toute simple du gamin une faille immense, définitive.

III

Il ne faisait pas de doute pour le gamin que son grand-père était un homme différent des autres et qu'il avait un vrai métier : pas comme tous ces paysans qui se ressemblaient tous. D'ailleurs, il était le seul dans tout le village à porter un tablier bleu à poche sur le ventre, dans laquelle il y avait son couteau, du raphia, et son briquet à la longue mèche orangée d'amadou. C'était un vrai jardinier et cela se voyait sitôt franchi le grand portail de bois qui s'ouvrait sur une cour bordée de parterres fleuris, cachant un immense potager quadrillé d'allées gazonnées. Tout dans cet ensemble était propre, net, ordonné. Comme lui.

Chacun de ses gestes, chacune de ses pratiques, venaient d'un savoir-faire éprouvé. Personne ne savait par exemple tasser la terre après un semis comme il le faisait. Evitant le rouleau qui aurait compacté le sol à l'excès, il chaussait une très vieille paire de sabots aux talons complètement usés et, plaçant ses pieds de part et d'autre du petit sillon contenant les graines, les pointes légèrement écartées, il avançait à tout petits pas traînants. Tandis que les mottes de terre s'écrasaient entre les sabots en un mince filet de poussière, un étonnant dessin en forme d'épi de blé s'allongeait derrière lui sur le sol. Mains derrière le dos, tête baissée, il avançait lentement ; arrivé au bout du sillon, il revenait sur ses pas en prenant soin que la nouvelle trace reste rigoureusement parallèle à la précédente. La parcelle était parfois très large et cela prenait du temps mais quand tout était fini, c'était parfaitement satisfaisant, aussi bien pour l'œil que pour l'esprit. Pour l'enfant qui le regardait assis dans l'allée en mangeant son goûter, c'était magique ; tout comme l'arc-en-ciel qu'il faisait naître quand, sitôt après, il arrosait la planche fraîchement semée. Le grand tuyau noir était muni d'une longue lance de cuivre comme en ont les pompiers mais celle-ci était si bosselée qu'elle ne pouvait plus recevoir les pommes d'arrosage qui restaient bien rangées dans une boîte pleine de poussière et de vieilles choses. Le bonhomme n'avait jamais jugé nécessaire de s'équiper de neuf ; ses gros doigts lui fournissaient comme toujours le meilleur outil et il savait créer une infinité de jets différents aussi bien par la longueur que par la largeur et par la finesse des gouttes, rien qu'en bougeant son index collé sur l'orifice.

Le jardinier avait ses spécialités : le plant de légumes et les melons. Plant d'oignons que tous les fermiers du village venaient acheter par bottes de cent ou de cinq cents afin de pouvoir garnir le boudin quand viendrait la saison du cochon ; plants de poireaux, de salades d'hiver, ou de tomates dont il était difficile de réussir le semis dans les grandes fermes où la maîtresse était seule à faire un peu de jardinage. Quant aux melons, c'était la grande affaire ; mystère et gloire de la réussite au terme d'un processus long et compliqué : semis sous châssis, repiquage sous cloche de verre, étêtage, pinçages répétés, manipulation quotidienne des cloches qu'on soulevait chaque matin pour éviter les coups de chaleur et qu'on abaissait le soir pour conserver la température du sol. L'objectif, c'était d'avoir de gros melons à vendre en août, quand commencerait le temps des battages dans les fermes. Certaines, pas toutes, avaient à cœur de servir le dernier jour un melon ou deux, aux gars saoulés de chaleur et de poussière, manière de marquer qu'on était dans une bonne maison.

Dès la fin juillet, Maria, qu'autrement on ne voyait guère dans le jardin, commençait à tourner autour des melons ; les soulevant pour exposer l'autre face au soleil et pour détecter les premiers signes de maturité ; se penchant pour les humer, recherchant ceux qu'elle appelait justement « les culs de singe », réputés plus sucrés, coupant enfin les premiers mûris parce qu'ils lui revenaient de droit, et recherchant plus tard encore les meilleurs afin d'en recueillir la graine. Prétexte auquel le bonhomme ne trouvait rien à redire car c'est presque religieusement qu'ils dégustaient tous les trois en silence le fruit miraculeux, après qu'il ait baigné tout le jour dans un seau d'eau fraîche.

Le jardin produisait toute l'année et il était rare que la journée se passe sans que quelque habitante du bourg ne vienne faire une petite commande : un panier de haricots verts, cinq artichauts, une salade pour six ou bien un bol de fraises : à lui de les cueillir et d'aller les livrer ensuite chez la bouchère, la boulangère, la femme du réparateur de vélos, la femme du maçon ou bien, plus rare et combien plus intimidant, à l'école. Les autres ménagères, celles qui ne tenaient pas boutique, n'auraient jamais eu l'idée ni sans doute le droit d'acheter leurs légumes, et lui, il était malheureux de voir leur jardin si bien tenu quand, au hasard de ses livraisons il prenait quelque sentier de traverse. Tout cela entretenait un flux de petite monnaie qui s'achevait momentanément dans une petite sébile placée sur le lit-cage avant de repartir chez l'épicier, la boulangère ou la bouchère. Il était rare que la sébile soit complètement vide, mais de l'argent, y en avait-il ? et d'ou venait-il ? La question ne se posait pas.

C'est sans doute le travail au cimetière qui fournissait au vieux ménage l'essentiel de son revenu, du vrai revenu, celui qu'on ne voit jamais parce que sitôt entré il va à la Caisse d'Epargne, et qu'en principe il n'en ressort pas. Le cimetière, c'était une double ressource : il y avait l'entretien des tombes et il y avait la vente des chrysanthèmes à la Toussaint dont le vieux jardinier était le seul producteur à dix kilomètres à la ronde. Le dimanche des Rameaux et le lundi de la Toussaint étaient grands jours de visite pour les tombes ; les parents éloignés par le mariage ou par l'oubli ne manquaient pas de prendre le chemin du cimetière une fois la messe terminée ; là, après un bref signe de croix des femmes, on inspectait l'endroit. Le quadrillage du sable frais que le jardinier avait dessiné la veille au râteau rassurait les visiteurs sur leurs propres sentiments ; même en leur absence les morts n'étaient pas oubliés et ils savaient que le bonhomme ne manquerait pas de revenir arracher les herbes folles aussi souvent qu'il le faisait dans son jardin. Sitôt la visite terminée, les familles se rendaient à la maison en bas du bourg où Maria, clouée sur son fauteuil, les attendait, le crayon à la main ; crayon qu'on appelait crayon à encre parce que si on le mouillait du bout de la langue, il laissait une trace baveuse mais indélébile sur le papier, en même temps qu'une affreuse amertume dans la bouche. Bien sûr, le compte du client était fait depuis longtemps : deux francs d'entretien plus deux francs ou deux francs cinquante de chrysanthème ; mais par respect pour le visiteur autant que par coquetterie, la bonne femme mettait un point d'honneur à recompter en sa présence, et tout cela donnait le temps d'échanger des nouvelles comme si tel avait été le véritable objet de la visite. Pour finir on s'embrassait, la conscience tranquille de part et d'autre ; pas question ce jour-là de se mettre à table avant que le défilé ne soit terminé. Le jardinier avait largement le temps de se changer, car pour une fois il était allé à la messe, et de remettre les nouveaux vêtements de travail propres qui feraient toute la semaine, comme le paquet de gris tout neuf lui aussi. Après quoi, coiffé de la casquette des dimanches, il se rendait lentement au café où il faisait depuis toujours, une fois par semaine, sa partie de manille avec les trois mêmes partenaires.

Etant un professionnel reconnu, il était demandé en maintes occasions : il était le seul par exemple à savoir greffer ou tailler les arbres fruitiers, aussi lui confiait-on dans tous les châteaux l'entretien des espaliers de pommiers ou de poiriers. Enfin, il avait la charge d'ouvrir pour les aérer régulièrement quelques maisons qui déjà servaient de résidence secondaire à des Parisiens aisés. Se vautrer dans les fauteuils même recouverts de housses, dont on ne s'approchait qu'avec respect quand les propriétaires étaient là, c'était pour le gamin un plaisir qui trouvait son grand-père curieusement indulgent.

A tous les savoir-faire acquis dans des places de jardiniers de château, le bonhomme devait adjoindre tous ceux qui permettent à un tout petit propriétaire, de fabriquer le vin ou le cidre qu'il boit, de couper son bois pour la cheminée et de manger du lapin deux fois par mois ; tâches quotidiennes, obscures et solitaires, mais vitales. Sait-on aujourd'hui ce que c'est que de nourrir cinquante mères lapines uniquement avec de l'herbe fraîche coupée tous les jours et un peu de foin ? Certes, depuis que ses forces avaient baissé, tout un carré du jardin avait été converti en luzerne mais cela ne suffisait pas, même si l'on y ajoutait toutes les fanes de carottes ou de salade, soigneusement conservées à chaque vente. Pour avoir de l'herbe dès le printemps, il fallait produire du sainfoin, ou du trèfle incarnat dont la seconde coupe donnerait le foin. Dieu sait quand et à quel prix on avait pu acheter cette terre située à plus de deux kilomètres de la maison ; que c'était loin, au pas précieux et lent de l'âne tirant sa charrette ! Encore heureux quand on pouvait s'asseoir au retour, sur l'herbe verte, si le chargement n'était pas jugé trop lourd pour la bête. La santé et le bien-être de celle-ci, une ânesse qu'on appelait en public « la bourrique » – mais ils étaient six cents à savoir qu'elle se nommait en réalité Ginette – était une préoccupation constante pour ses maîtres. Elle était, il est vrai, chargée de tous les transports et d'abord de celui de son maître dont la propriété n'était faite que de petits lopins dispersés aux alentours. Peut-être parce que ces temps de transport étaient ses seuls temps de repos à lui, il ne la pressait jamais d'aller plus vite, sauf si l'orage ou la grêle menaçaient et c'était pour la bête un élément essentiel du contrat, comme de recevoir le quignon de pain sec qu'elle venait chercher une fois attelée, devant la porte de la cuisine, et sans lequel elle ne fût sans doute jamais partie. Rien à voir avec ces malheureux « bourris » des fermes, traités comme l'animal le plus méprisable, roués de coups à tout propos, même par les gamins et qui, par coup de gueule ou par coup de pied, ne manquaient pas une occasion de se venger dangereusement. Au demeurant, il fallait suppléer Ginette dès que le transport devenait tant soit peu important : foin, pommes à cidre, vendange... On recourait alors à l'attelage du voisin, lequel avait gardé de son lustre passé un cheval, son équipage et tout un attirail de culture.

C'était l'ancien fermier du dernier château dans lequel les grands-parents avaient été domestiques, elle comme cuisinière, lui comme jardinier, ainsi qu'il était de règle ; leurs enfants s'étaient élevés ensemble mais celui que Maria n'appelait jamais autrement que « not' maît' » avec autant d'ironie que d'envie avait pu, lui, doter chacun de ses trois enfants d'une ferme ; et il lui était resté encore assez d'argent pour acheter cette maison du bourg contiguë à la leur, dans laquelle il s'était retiré après son veuvage. Raide, ne souriant jamais, il s'accommodait bien de sa solitude, et tenait sa maison sans aucune aide. Il avait gardé de son passé une autorité sévère qui faisait peur à ses brus et à son gendre, lesquels au demeurant se jalousaient un peu. Chacun en avait eu en effet selon les préférences du père, qui n'auraient pas été celle de la mère, morte bien trop tôt ainsi que le rappelait Maria avec aigreur. L'aîné, qui avait pris la suite de son père, n'avait eu en héritage qu'une des plus petites propriétés de la commune ; proche du bourg mais toute en pentes et vallons, et on savait que ses terres sont de celles qui usent plus les outils que d'autres, à cause du silex et que les réparations, ça mange le profit. La bonne femme avait beau avoir raison, son homme la laissait dire sans répondre : Victor était son voisin, il avait besoin de lui, c'était son partenaire aux cartes et c'était son ami. D'ailleurs ils avaient de longtemps prévu d'être toujours voisins puisqu'ils avaient acheté au cimetière deux concessions qui se touchaient. Les femmes s'étaient appréciées ; les hommes aussi, et cela avait donc paru naturel à tout le monde.

Les deux vieux s'entendaient bien et n'élevaient jamais la voix entre eux ; le seul reproche qu'elle lui faisait, c'était de tousser, parce qu'il fumait trop ; mais elle le faisait par routine et sans espoir manifestement d'être entendue. « Arrête-toi donc tu vois bien que ça te fait mal... je vais cacher ton tabac ; je vais faire venir le docteur. »

Toutes les menaces y passaient, à quoi le bonhomme ne répondait que par un air légèrement amusé et tout à fait incrédule.

Chacun labourait librement son sillon, mais il était bien établi dans les faits que c'est elle qui gouvernait la maison et qui prenait les décisions, fixant par exemple les dates où il devrait, toujours un vendredi, jour de marché, aller à Vendôme pour toucher à la Caisse d'Epargne de mystérieux « coupons ». C'est alors qu'elle avait passé la moitié de la journée précédente à farfouiller dans le tiroir de l'armoire à linge, jalousement fermée à clef, d'où elle avait sorti des feuilles de papier colorié dans lesquelles elle avait découpé de petits rectangles.

Il était tout à fait inutile de lui demander quoi que ce soit sur ce travail mystérieux ; elle était dans le monde de l'épargne, qui n'était que le sien.

Le bonhomme ne demandait jamais rien : ni compte-rendu, ni argent. Il mangeait ce qu'on lui servait, sans jamais trouver qu'il y en avait trop, ou pas assez ou que c'était plus ou moins bon, tandis que le gamin n'hésitait pas, lui, à se plaindre d'avoir une assiette de soupe trop pleine, ce qui lui valait toujours la même réplique : « Mange le trop le premier », une de ces formules définitives qu'elle opposait dès qu'il s'agissait de faire acte d'autorité ; « T'as faim ? c'est une bonne maladie ! », « Pleure mon p'tit gars, tu pisseras moins ! », ou bien « Tu verras, avec du pain et de la patience on arrive à tout ! ».

Ils avaient tous les trois de rares, mais puissants moments de communion ; le soir par exemple, quand il était autorisé, après avoir récité sa prière à genoux, à sauter sur le lit où les deux vieux étaient déjà couchés, les merveilleux goûters pris en commun l'été, dans la cuisine aux volets fermés quand ils se retrouvaient pendant la courte période des fortes chaleurs, chacun devant son bol de « miot » : pain trempé dans du lait pour la femme et le gamin ; dans du vin mêlé d'eau sucrée pour l'homme.

Pourvu qu'il reste dans les limites du grand jardin que bordait tout au long un haut mur d'enceinte garni de treilles et d'arbres en espalier, il avait tous les droits : jouer, courir, crier, cueillir les meilleurs fruits ; tous les droits sauf celui de quitter l'enceinte. Sans doute la grand-mère pensait-elle que cela eût été laisser l'enfant s'engager sur une voie qui deviendrait vite incontrôlable. Cela n'empêchait pas qu'on l'envoie chercher du pain, de l'épicerie, ou vendre des légumes et donc d'être en contact avec l'argent. Elle était simplement vigilante sur la monnaie.

En hiver, le temps du jeu avait vite fait de manger au retour de l'école le peu de jour qui restait, et il fallait faire ses devoirs à la lumière, c'est-à-dire sous le rond de clarté vacillante d'une lampe à pétrole. L'ombre immense de l'écolier se projetait sur le mur opposé, où naissaient facilement les ombres chinoises du loup, de la chouette ou du canard. Pourtant il fallait faire vite car l'heure du souper était bientôt là et les cahiers devraient alors laisser la place aux assiettes. Mémère avait résisté aussi longtemps qu'elle avait pu devant son ravaudage, avec le secours de sa petite lampe Pigeon, plus économe ; puis elle était venue rejoindre son petit gars dans la cuisine où son premier travail avait été de baisser la mèche de la grosse lampe : « Tu ne vois pas que ça fume ? que ça va noircir le plafond ? » C'est vrai que le plafond portait un large cerne de fumée, mais, en fait, la dépense excessive de pétrole était pour elle une véritable hantise : « Ton père a encore lu au lit jusqu'à je ne sais quelle heure hier au soir... » Et elle soupirait fort quand il fallait faire remplir chez l'épicier le bizarre bidon carré, tout en hauteur, aux côtés cannelés. Il était encore moins question d'utiliser une lampe électrique à pile, dont le premier exemplaire était arrivé dans la maison peu de temps auparavant à l'initiative du fils. C'est donc sans lampe, et dans l'obscurité presque complète que le grand-père devait soigner ses bêtes le soir ou bien aller chercher le vin et les fruits du dessert à la cave. Mais aussi pourquoi cette maison était-elle encore, en 1937, la seule dans le bourg à ne pas avoir l'électricité ? La question était parfois posée, et si c'était par un familier, la grand-mère se contentait de hausser les épaules en disant : « Tu le sais bien... » ; quant aux autres, tous leurs discours sur la commodité, et coetera, ne recevaient même pas de réponse ; enfin, si c'était par le père du gamin, son cas était vite réglé : « Oh toi, si tu étais tout seul, il n'y en aurait pas pour longtemps : l'argent serait vite mangé. » Deux ou trois fois, excédée sans doute, elle était allé extraire du fond du tiroir de sa machine à coudre une vieille coupure de presse jaunie où l'on évoquait les dégâts d'un incendie consécutif à un court-circuit électrique. C'était arrivé tout près d'ici. Alors ? Mais était-elle vraiment convaincue elle-même de son argument ? De quel poids était la crainte de la dépense ou simplement la crainte d'un changement si grand qu'elle n'en reconnaîtrait plus sa maison ? qu'elle en serait comme dépossédée ? Elle avait d'ailleurs bien d'autres réticences, bien d'autres façons de résister à tout ce qu'elle n'avait pas décidé elle-même. Pourquoi par exemple, n'avait-elle jamais accepté, elle qui avait été cuisinière de métier, d'utiliser la cuisinière à charbon que son fils avait ramenée à la maison après son veuvage ? Déposée lors du déménagement dans la cuisine, près de la cheminée et recouverte d'un linoléum, elle servait depuis de table ordinaire, ses tuyaux n'ayant jamais été montés. La bonne femme se justifiait : « C'est pas à moi, j'y touche pas » ou bien : « J'ai pas besoin de cuisinière, je préfère ma cheminée », à moins que : « Ça coûte trop de charbon... » Année après année, la rouille avait ouvert un trou dans le flanc de la cuisinière ; on aurait pu s'en débarrasser, mais on la gardait là, plus encombrante qu'utile, et il fallait régulièrement astiquer la barre et les robinets en cuivre jaune pour que cela ait l'air propre, vivant. Aucune assiette, aucun verre, aucun portemanteau, aucun de ces innombrables ustensiles de cuisine que le gamin voyait employer dans d'autres maisons n'était jamais ressorti non plus des meubles entassés dans la chambre qui tenait lieu dorénavant de domicile aux deux naufragés. Il lui était même interdit d'y toucher et il s'était fait rabrouer un jour qu'il était venu montrer à la cuisine un presse-purée tout neuf dont les deux parties s'emboîtaient si bien. Cela n'aurait-il pas été plus commode que d'écraser les pommes de terre une par une à l'aide d'un pilon de bois pour les faire passer à travers les trous de la passoire ? « Ce ne sont pas des jouets » avait-elle dit. C'est vrai qu'il s'en était bien amusé. Il avait de même défense expresse d'ouvrir le grand vaisselier noir aux portes vitrées dont le contenu paraissait pourtant si intéressant ; l'enfant en était réduit à admirer du dehors les figurines japonaises d'un service à thé, le bleu insolite des petits verres à liqueur posés chacun dans un cercle tout autour de leur support à étage, et surtout la bouteille d'eau de Seltz semblable à celles du café qu'il avait le droit de faire fonctionner. Mais celle-là était vide, elle était placée tout au fond du vaisselier et même en montant sur une chaise il n'aurait pas pu la toucher. Il y avait aussi une timbale en argent gravé légèrement différente de celle que le gamin utilisait tous les jours aussi bien que de celle, plus grande, dans laquelle son père buvait le dimanche, et qui portait avec des initiales, une date dont il ne savait rien. Chacun de ces bibelots, comme les chaises cannées qui étaient rangées au grenier, comme d'autres objets plus ou moins bien répartis dans la chambre, avaient entre eux comme une parenté, qui suffisait à les distinguer au premier coup d'œil de ceux qui appartenaient depuis toujours aux occupants de cette maison. Ils étaient à la fois plus jeunes et plus tristes, tandis que les autres étaient simplement utiles et sans beauté aucune, comme sans âme. Le gamin pouvait rester des heures à inventorier le contenu du vaisselier ou celui de l'armoire de cuisine en bois blanc ; l'étrangeté et l'inutilité même de tous ces objets captifs l'aidaient à nourrir ses rêveries quand il restait seul dans sa chambre durant la semaine. Il lui semblait alors qu'il avait une autre vie, quelque part. Ces moments n'étaient qu'à lui et il n'aurait voulu en parler à personne, pas même à son père.

Pour le reste, il fallait avoir les pieds sur terre, comme Mémère. Toute une façon de se nourrir, toute une cuisine familiale dépendaient en fait d'un double choix : acheter le moins possible et cuire tout ce qui devait l'être au feu de la cheminée. La maison disposait de trois marmites en fonte noire, quand il y en avait souvent cinq ou six dans les grandes fermes. La plus grande, dont le couvercle portait le numéro huit gravé en relief, servait à cuire les plus gros des légumes : choux, choux-fleurs, artichauts, ainsi que le pot-au-feu du dimanche : le bouilli. La moyenne – numéro six – n'était utilisée que pour faire la soupe de légumes ou pour cuire les pommes de terre en semaine. Quant à la plus petite, sans numéro, elle servait exclusivement à faire bouillir l'eau du café, assombrie d'un peu de chicorée. Il faut dire que tous ces récipients qui étaient d'un nettoyage difficile – encore l'extérieur plein de suie n'était-il jamais lavé ni essuyé – ne gardaient que trop facilement le goût des cuissons précédentes, augmenté d'une forte odeur de fumée. Le petit coup de torchon furtif passé dans la marmite vide et juste trempé dans l'eau claire ne servait qu'à calmer les consciences.

Tout ce qui ne pouvait pas être cuit dans une marmite devait être mitonné en casserole au dessus d'un drôle de petit poêle à braise en forme de diabolo. Posé près de la cheminée, il était facile de le garnir de charbons bien rouges ; il était très pratique pour faire mijoter tous les ragoûts – et on en mangeait beaucoup – car tout y cuisait lentement ; cela donnait le temps à la cuisinière d'aller faire un tour au jardin ou à la cave, sans trop de risque de brûler le plat. On parvenait même à faire des plats au four, tomates farcies ou escargots qui marquaient certains dimanches de fête. Il suffisait, après avoir posé le plat en émail sur le poêle, de le recouvrir d'une grande plaque de tôle sur laquelle on déposait à nouveau d'autres braises. La qualité des mets n'en était pas affectée mais la surveillance était plus difficile, et la fatigue plus grande : trop longtemps penchée sur la cuisson de sa « pitance » comme elle disait, la grand-mère repartait, cassée en deux à angle droit ; il lui fallait alors traverser toute la cuisine avant que ses douleurs ne l'autorisent enfin à se relever, au moins aux trois-quarts, ce qui était le plus qu'elle puisse faire. Encore heureux quand tout se passait bien : il n'y avait rien de plus facile que de renverser la marmite lorsqu'on se brûlait les mains à la flamme sans parvenir à en accrocher l'anse à la crémaillère. Une fois même le gamin avait dû rattraper la pauvre vieille par les cordons de son tablier noués dans le dos au moment où elle allait plonger la tête la première dans la cheminée. De tous les ustensiles remisés dans la chambre du bout, un seul avait paru pouvoir être utilisé : c'était un moulin à viande à manivelle, entièrement démontable, modèle réduit de celui que le gamin voyait utiliser chez le boucher pour hacher la viande des saucissons. Muni de trois couteaux interchangeables en forme de rondelle qui permettaient de faire un hachis plus ou moins fin, il servait à préparer les pâtés de lapin, moyen particulièrement apprécié et certainement nécessaire de varier la présentation d'un aliment qui revenait sur la table au moins deux fois par mois. Entre-temps, le grand-père en tuait un chaque semaine ou presque, qu'il fallait livrer encore chaud et bien arrondi dans son plat en émail, à quelque ménagère du bourg. Le gamin avait auparavant assisté au sacrifice, sans rien en manquer. La capture dans un clapier d'abord où ils étaient enfermés par trois ou quatre, ou bien dans une écurie désaffectée où ils gambadaient librement par dix ou douze, ne manquait pas de mettre le bonhomme en difficulté, à sa grande joie. Il ne pouvait pourtant s'empêcher d'admirer la manière dont le grand-père parvenait, au milieu de cette course échevelée des lapins affolés, à conserver l'œil sur celui qu'il avait choisi de retirer du lot. Sitôt l'animal enfin capturé, on allait le suspendre par une patte arrière à l'aide d'une ficelle fixée à un clou qui demeurait là en permanence, au milieu de la porte de la remise. Le coup sur la nuque donné avec le tranchant de la grosse main laissait le lapin inerte, tandis que le bonhomme affûtait son couteau sur la pierre ; c'est le même qui servait depuis des années, effilé à force d'usure, tranchant comme un rasoir et qui ne servait que pour cet usage. Le coup précis dans la gorge obligeait le gamin à se précipiter, le bol à la main, pour recueillir le sang qui jaillissait loin ; car il n'eût pas été convenable de livrer un lapin sans son sang, nécessaire à la confection du civet. Enfin, c'était l'opération du dépouillage qui lui inspirait toujours la même admiration : au fur et à mesure que le grand-père tirait la peau retroussée vers la tête,toujours en bas,une nouvelle forme naissait, douce et teintée de reflets nacrés ; tout ceci ressemblait bien plus à un délicat déshabillage qu' à une opération de boucherie.

Il n'y avait d'ailleurs rien dans tout ce rituel qui fasse penser à la mort, ni aucune brutalité. Ce n'est pas ici qu'on aurait arraché l'œil des lapins pour les faire mourir lentement, douloureusement comme certains, paraît-il, le faisaient.

Ceux-ci ne pesaient jamais moins de quatre à cinq livres et le plat devait durer toute la semaine. Presque toujours préparé en civet – sinon il aurait fallu jeter le sang – on en retrouvait fréquemment les restes sur la table le samedi, après l' écœurant intermède de la morue du vendredi. Ce n'était plus alors qu'un magma noirâtre collé au fond de la cocotte, dans lequel seuls les os des côtes demeuraient identifiables. La cuisinière s'excusait invariablement d'avoir laissé « rassoitir » son plat ; qu'importe, c'était autant de jours passés sans avoir dû aller chez le boucher. D'ailleurs les jours sans viande n'étaient pas rares et la femme du jardinier était la première cliente du jardin ; des navets aux choux de Bruxelles si répugnants, il fallait tout manger. Au demeurant, on mangeait plutôt bien, même si les desserts, au grand regret de l'enfant, étaient rares ; il y avait tellement de pommes et de poires sur les étagères de la cave, que la grand-mère ne jugeait pas utile de cuisiner des entremets, exception faite du gâteau de pommes de terre, purée sucrée, vanillée et caramélisée, cuite dans un moule à brioche dont les jolies côtes faisaient toute la saveur du plat. Si l'on recevait, à Pâques par exemple, c'était les œufs à la neige, sans surprise, mais la monotonie des menus ne gênait personne ; les changements de saison commandaient une variété suffisante : choux en hiver, salades cuites ou artichauts en été, petits légumes au printemps. Ainsi le grand-père ne mangeait-il jamais autre chose au petit déjeuner qu'un hareng saur cuit devant le feu à l'aide d'un gril vertical, et légèrement arrosé d'huile ensuite.

Maria avait d'ailleurs beaucoup d'autres ressources que les lapins et les légumes produits sur place ; la maison, par exemple, produisait ses œufs frais à l'aide de quatre poules quotidiennement pourvues en verdure du jardin, en vers de terre soigneusement recueillis lors du bêchage ou de l'arrosage, et pour lesquelles on gardait précieusement la coquille pilée des huîtres de Noël. Faute d'entretenir un coq, ce qui eût été un trop grand luxe, on ne pouvait pas élever de poussins et il fallait donc se procurer des poulettes de renouvellement.

Tous les deux ou trois ans, elle partait avec « p'tit gars » par un beau jeudi de printemps pour une course de six kilomètres avec la voiture à âne. C'était jour de fête, les harnais de Ginette avaient été lustrés la veille et le matin même on lui avait ciré les sabots avant de l'atteler ; il était admis que ce jour-là c'est le gamin qui tenait les rênes tout au long du trajet car on avait laissé le grand-père à la maison. On allait voir Germaine, la fille cadette du voisin Victor, que Maria avait vu naître. Elle était aujourd'hui installée dans la ferme achetée par son père. Les voyageurs arrivaient vers midi et un bon repas les attendait ; il durait longtemps car on avait beaucoup à se dire. Ce n'est qu'au moment du départ, et comme par inadvertance, qu'on parlait des poulettes ; une distribution inhabituelle et sagement mesurée de grain faisait accourir toute la basse-cour et d'un coup d'œil on choisissait parmi les volailles nées au printemps précédent, celles dont la crête commençait à rougeoyer : elles ne tarderaient pas à pondre. En un tournemain, elles étaient attrapées, liées aux pattes, enfouies dans un grand sac de jute et jetées au fond de la petite charrette. La grand-mère faisait mine de vouloir payer et puis on repartait vite afin d'être de retour avant la nuit « chez nos parents », comme elle disait. Avant deux ou trois mois les quatre volailles auraient assez pondu pour que l'on puisse envisager de remplir d'œufs à conserver une grande jarre de terre cuite. On profitait d'un jour où le grand-père avait dû faire du sulfate pour traiter sa vigne ; on laissait décanter le lait de chaux inutilisé pour recueillir un ou deux jours après l'eau claire qui allait remplir la jarre. Tout ceci avait été bien expliqué à l'école mais sans aucune démonstration pratique, ce qui rendait l'opération d'autant plus intéressante.

Le fils aîné de Victor, celui que Maria préférait, et qui avait d'ailleurs pris la succession de son père dans la ferme du château, fournissait de son côté une contribution soutenue à l'économie familiale. Le prétexte en était que sa fille prenait pension chez elle pour le repas de midi, comme faisaient beaucoup d'enfants dont la ferme était trop éloignée du bourg. La maison était ainsi pourvue en beurre, une livre chaque vendredi, et à chaque fois que la ferme tuait un cochon, on avait droit au boudin, au rôti, en attendant les rillettes puis les andouilles fumées qui viendraient plus tard ; on recevait en outre de quoi remplir un saloir de morceaux pour la soupe.

Tous ces dons ou ces échanges, car le jardin pouvait aussi permettre de son côté de faire de précieux cadeaux, évitaient évidemment de pénibles sorties d'argent mais, plus que tout, ils étaient la preuve d'une familiarité partagée qu'on entretenait avec soin.

Le problème de la nourriture ainsi réglé avec le minimum de dépense, et c'était sans doute le plus important, il fallait encore s'habiller. Passe pour les deux vieux : le stock de vêtements anciens, et notamment de vieilles tenues du dimanche, jamais usées, était tel que la bonne femme pensait bien « en avoir assez pour aller jusqu'au bout ! » Tout de même, un pantalon de travail ou un tablier bleu appelait parfois un remplaçant. Malgré toute l'énergie et le fin savoir-faire qu'elle déployait à force de rapièces et de morceaux cousus, « pour faire durer », il fallait alors se résoudre à « acheter » ! Quel temps à chaque lavage devait-elle consacrer à repriser les chaussettes mangées au talon par les sabots de bois ? Pas même moyen de s'aider de l'œuf en buis comme faisaient les bonnes couturières – et Maria en était une – pour sauvegarder un semblant de forme à ce talon : il aurait toujours été plus petit que le trou ! Le résultat était à la hauteur de l'effort : lavées et reprisées, les chaussettes retrouvaient pour une ou deux semaines un aspect honorable. Jamais le pauvre homme ne se serait plaint d'ailleurs, ou n'aurait fait une remarque ; il se contentait de prendre chaque dimanche tout le linge de rechange qu'il trouvait soigneusement plié sur une chaise. Le gamin posait naturellement davantage de problèmes : d'abord, il grandissait régulièrement ; ensuite il se permettait d'affirmer des goûts, voire des refus, pas toujours pris en compte d'ailleurs. Il avait bien dû accepter par exemple de porter cette culotte courte retaillée à ses mesures dans un pantalon bleu horizon qu'un sous-lieutenant ami avait ramené de la guerre. Cette culotte lui avait valu maintes plaisanteries à l'école et de cuisantes irritations à la cuisse en hiver, mais la nécessité avait eu force de loi. Tout au plus avait-il gagné le droit de refuser le port du calot à deux pointes « qui lui aurait pourtant tenu la tête bien au chaud ».

Il faut dire que Maria était frileuse et que, regardante sur presque tout, elle n'entendait pas être privée de chaleur dans sa maison ; cela n'allait certes pas jusqu'à laisser le feu de cheminée brûler dans la cuisine pendant toute la nuit pour rien ; aussi, avant de gagner tous les trois la chambre voisine pour la veillée, prenait-on soin de dresser toutes les bûches de l'âtre contre la paroi de la cheminée de telle façon qu'après avoir fumé et charbonné pendant quelques minutes, elles s'éteignent d'elles-mêmes ; elles fourniraient le lendemain matin un combustible vite enflammé et des braises vite faites. En attendant, le poële de la chambre ronflait fort mais on avait de quoi le garnir. Une dépendance de la maison qui avait naguère servi de caveau pour la vendange et qui était encore encombrée d'un grand foudre délabré servait de dépôt à bois : c'est là qu'on allait scier chaque jour les longues bûches prélevées sur le gros tas qui s'allongeait contre le mur du poulailler. Ce tas était estimé en « cordes » et non en stères, comme les champs étaient mesurés en « arpents » et les vignes en « boisselées ». Il fallait bien sûr le reconstituer chaque année : besogne hivernale à laquelle le bonhomme ne devait jamais manquer jusqu'à la fin. La propriété s'était dotée au fil des ans de deux parcelles boisées qu'on exploitait sagement en rotation, après avoir calculé que la vitesse de repousse permettrait de revenir vingt ou trente ans plus tard pour une nouvelle coupe. Les gros chênes étaient soigneusement épargnés : ils serviraient de semenciers ou bien de bois d'œuvre, plus tard ; les plus jeunes étaient abattus à la cognée, hache longue et étroite et la souche soigneusement nettoyée avec une « tournée », sorte de pioche coupante comme un rasoir. Les branches, comme les petites pousses du taillis, servaient à la confection des « bourrées » qui feraient du bois d'allumage. Pour cela on disposait d'un appareil rustique mais efficace qui servait aussi bien à couper les branches à la bonne mesure qu'à serrer les fagots avant de les lier d'un fil de fer. Un feu allumé dès l'arrivée le matin et qui brûlait tout le jour permettait de nettoyer le terrain de tout ce qui ne serait pas utilisé : branches mortes, ou trop petites ou trop feuillues. Midi venu, on y ferait réchauffer le dîner et cuire au bout d'une branche verte soigneusement pelée la pomme du dessert. Avant de reprendre le travail, on avait le temps de jeter un coup d'œil sur le paysage alentour qu'on découvrait sur plusieurs kilomètres. Au loin, d'autres fumées bleues s'élevaient dans l'air calme de l'hiver et le grand-père comptait et commentait : « Tiens, il y a un tel dans son bois de la Briochetterie, et puis tel autre dans le grand bois de Beaulieu. »

IV

Pour le gamin, un jour de pluie était un jour de bonheur : pas de devoirs, faits la veille, sitôt rentré de l'école, ni de travaux obligés au jardin ; pas d'escapade à espérer non plus, et pas de correction par conséquent à redouter. Rien que l'orgueil d'être devenu un enfant sage et la satisfaction de pouvoir mettre en œuvre sans effort toutes les bonnes résolutions, longtemps différées.

Cette pluie lui faisait pleinement goûter la sécurité de la petite maison, et le rendait libre de flâner, de rêver pour une journée entière car en hiver le vent d'Ouest s'installe pour longtemps. En outre, la pluie lui fournissait le moyen – mais cela personne ne le savait – de retrouver sa mère. Il lui suffisait de regarder à travers les rideaux de la fenêtre et de voir éclore les clochettes renversées que font les grosses gouttes en tombant dans les flaques de la cour. L'image vivace et forte ne manquait jamais d'apparaître : ils sont à Argenteuil dans une buanderie où sa mère lave le linge ; il est tout près d'elle et, s'il ne distingue pas très bien son visage, il peut observer tous ses gestes, les détails de son vêtement. Il voit ses élégants petits sabots à bride ajourée, il entend sa voix, même sans comprendre les mots. Il la sent tout près, là, alors son cœur bat un tout petit peu plus fort et il sent sa poitrine se serrer tandis que ses idées se brouillent. C'est douloureux et en même temps agréable. D'avance il sait que tout ce qu'il fera aujourd'hui ne lui apportera que du bonheur.

Le feu ronfle dans le grand poêle ; les albums de cartes postales sont étalés sur la carpette. Il y en a trois ; « celui-ci c'est le mien », dit Mémère ; « l'autre c'est celui de ton père et celui-là c'était celui de ton oncle ». Le gamin ne fait pas de différence : pour lui, c'est une promenade sans fin qui commence à travers le temps, à travers des pays inconnus, avec des gens qui le sont souvent aussi ; ce sont des appels, des liens, des résonances qui rejoignent le présent d'aujourd'hui.

Il connaît déjà par cœur ce pèlerinage que toutes les femmes du village ont fait après la guerre en compagnie du curé. Pas ce grand échalas maladif qui se traîne aujourd'hui dans les rues d'un pas lent, mais le bon abbé qui savait rire et chanter dans le train diocésain qu'on était allé prendre à Blois. Dix fois déjà, il a entendu raconter toutes les péripéties, les surprises, les découvertes de ce voyage, mais aussi toutes les farces qu'on avait pu se faire, les fous-rires qu'on avait pris, les familiarités qu'on s'était autorisé avec des inconnus, loin de la maison. C'est là que s'étaient révélés de petits travers insoupçonnés chez les commères, des appétits ordinairement mieux cachés, et une curiosité dont on avait senti qu'elle aurait été sans limites si le devoir n'y avait mis un frein. Cette fenêtre ouverte sur un pays inconnu avait fait entrevoir bien d'autres paysages.

On est allé au Lac de Gaube, au Cirque de Gavarnie, et le sentier muletier qui y conduit est là, dans l'album à côté des photos de la célèbre basilique ou de la grotte de Bétharram dont il est assez clair qu'elles ont provoqué beaucoup moins d'émerveillement que les cimes pyrénéennes. Pourtant la messe célébrée à Lourdes par le curé du village lui-même aura été le moment de plus grande émotion des pèlerins. Voici le funiculaire dont Maria parle encore : on s'y serrait de peur les unes contre les autres. La déception est au verso de la carte : ce pèlerinage qu'évoquent les photos n'est pas bien entendu celui auquel la grand-mère a participé ; les cartes postales témoignent d'une autre équipée, d'une autre année, mais cela ne fait rien à l'inépuisable évocation de la bonne femme qui, devant sa machine à coudre, n'en finit pas de revivre son aventure. Et Pépère, pendant ce temps-là ? Manifestement on avait bien oublié les hommes pendant cette semaine d'escapade, et pour manger, eh bien, pour une fois il avait dû se débrouiller seul. L'important c'est qu'on avait bien ri.

Les mêmes cartes se retrouvent en plusieurs exemplaires et dans chaque album, preuve qu'en ce temps-là le pèlerinage à Lourdes représentait le grand, le seul voyage qu'on ferait jamais. Aussi bien n'attendait-on pas d'aller si loin pour adresser un mot d'amitié, un petit signe à un ami ou à son voisin. Avait-on passé une bonne après-midi de pêche chez des amis à cinq kilomètres d'ici ? : allez, hop ! « un bonjour du Gué du Loir » ; un dimanche aux traditionnelles courses de chevaux qui se tenaient une fois par an dans les herbages du Perche ? « en souvenir d'une belle balade », une visite à une famille un peu lointaine ? « recevez mon meilleur souvenir de Château du Loir »... Les textes avaient beau être pauvres, l'intention demeurait charmante, sincère et parfois presque chaleureuse. Les albums constituaient enfin un véritable répertoire de tous les clochers, de tous les lavoirs municipaux des villages alentour.

Au-delà des distances, on pouvait retrouver d'un lieu à l'autre, le fonds commun, l'immuable, aussi bien que le détail infime qui marque la différence d'un pays, d'une ville. Parfois un événement qui paraît avoir eu une importance considérable est évoqué dans plusieurs documents : c'est par exemple la catastrophe des Ponts de Cé en mille neuf cent douze ; le photographe a fixé le moment ou la moitié du train pend dans le vide, devant le tablier du pont écroulé ; le courrier vient de Nantes. En mille neuf cent douze encore – qui s'en souviendra ? –, la France entière semble saisie d'une frénésie de célébrations : c'est le quatrième centenaire de la naissance de

Jeanne d'Arc – sainte Jeanne, patronne de la France, disent les légendes – que des foules de militaires et de prêtres assemblés fêtent dans la ferveur. Naturellement, les cartes postales en provenance d'Orléans abondent. Il y a des sujets plus légers, sinon plus gais : des pages entières de cartes postales, un peu trop semblables à vrai dire, rappellent l'importance du premier avril et de ses farces. Que de brochets à paillettes dorées, qu'une languette parfois, ou bien une roue dentée dissimulée dans la doublure de la carte permettent de faire jaillir de son panier fleuri ! Le chef-d'œuvre en la matière, bien plus amusant que les cartes musicales, c'est un facteur avec sa boîte à courrier en relief dont le couvercle s'ouvre à l'aide d'une fine agrafe de laiton ; on peut alors faire sortir tout un journal imprimé, fait de feuilles repliées les unes sur les autres.

La série des bouquets d'anniversaire et celle des beaux visages féminins sont inépuisables mais ennuyeuses ; le sourire froid qui accompagne la tête bouclée et sans expression paraît aussi faux que l'enthousiasme affecté des vers de mirliton qui veulent être un message d'amour. Il faut alors retourner la carte, rechercher la signature, le nom du destinataire et déchiffrer si on le peut le véritable message de la carte : promesses sans témoin, idylles interrompues sitôt qu'ébauchées, déclarations naïvement équivoques. Il est bien rare que la carte livre son vrai secret.

Avec le pèlerinage, c'est bien entendu le service militaire qui disperse au hasard les garçons dans les endroits les plus divers qui fournit le plus grand nombre de témoignages : de quoi illustrer des atlas entiers de géographie, même si certains lieux sont plus souvent évoqués que d'autres. Il y a Blois où se retrouvent pour quelques mois tous les jeunes du département parce que c'est là qu'est la caserne du trente-sixième d'infanterie, et puis toutes les villes des marches de l'Est, et surtout Lunéville. Que de militaires ont séjourné dans cette ville qui paraît avoir été habitée d'un défilé permanent de dragons ou de cuirassiers à cheval précédés de leurs bruyantes trompettes ! Tout n'est-il pas prétexte en cette période à revue militaire, avec défilé, musique et remise de décorations ? Il faut dire cependant que le message de l'expéditeur est souvent plus plat et parle d'un quotidien moins grisant. Qu'en aura pensé le destinataire ? Chaque ville de France semble avoir pour monuments essentiels une gare, une caserne, une place d'Armes, dont l'image est venue remplir les albums ; et puis les soldats n'oublient pas ceux qui sont restés au pays. Comment aurait-on pu imaginer que ce grand dadais que la famille ne voit pratiquement plus jamais a pu naguère se croire obligé au temps de son service d'envoyer ses vœux de bonne année au couple de jardiniers et en se confondant en excuses pour n'avoir écrit que le trois janvier ? Ou bien doit-on penser que ces malheureux, exilés pour deux ans, ayant quitté pour la première fois le village en ont une telle nostalgie qu'ils s'empressent d'écrire une carte dès qu'un visage leur revient en mémoire ? Il est fréquent que cette carte représente l'intéressé lui-même, tout seul ou bien au milieu de son escouade. L'une d'elles montre l'oncle en tenue d'escrimeur ; sa mère précise qu'il avait profité du service militaire pour apprendre à tirer ; il est même devenu prévôt d'escrime, ce qui est un grade à l'armée.

Une autre carte qui laisse à chaque fois au gamin le même sentiment de malaise, représente un cow-boy âgé de dix-neuf à vingt ans vêtu d'un pantalon en peau de bête, foulard noué à la diable autour du cou, chapeau en arrière, qui tient un quidam en respect à l'aide d'un énorme pistolet. La carte à été éditée par un studio de New York et le verso confirme : « Bon souvenir de New York ».

« C'est ton père », dit la grand-mère, mais il n'aime guère ce papa-là, qui ne ressemble pas au sien, ou alors à celui des mauvais jours.

Il était tellement content de lui qu'il a envoyé la même à la bouchère et à plein d'autres gens ; « Comme s'il y avait de quoi être fier » a ajouté la grand-mère peut-être un peu jalouse. D'autres cartes, de Southampton, Montréal, Manhattan, ponctuent le parcours du joyeux marin, boulanger à bord du paquebot « France », le plus grand de son époque – quatre cheminées – dont le dessin en coupe orne aujourd'hui le mur de la chambre des grands-parents.

L'histoire parfois se fait plus proche encore et parle du village : bavardages devant un café, inauguration d'une immense ferme modèle importée du Danemark... et voici l'ouverture de la fameuse ligne de chemin de fer – mais tout le monde parle du tramway – qui relie Vendôme à Droué et de sa drôle de petite gare en planches. La carte dit que l'inauguration a été faite en mille neuf cent six ; la ligne n'aura pas servi bien longtemps. Le gamin reconnaît parfaitement la locomotive parce qu'il a lui-même souvent vu ce train, la ligne passant à quelques mètres du jardin. Mémère rappelle encore avec un peu d'aigreur qu'on leur en a pris une partie pour permettre le passage de la voie. Une semaine sur deux, le chauffeur du train est un nommé Emile ; c'est son cousin et il ne manque jamais de donner un coup de sifflet amical lors du passage du soir. De la cuisine où ils mangent tous les trois dans une demi obscurité, on distingue très bien les détails du convoi dont on compte à chaque fois le nombre de wagons et le nombre de voyageurs ; c'est d'ailleurs toujours à peu près le même chiffre pour lequel une main suffit, ce qui fait dire à Mémère : « Hum, il y a encore personne ; si ça continue ils vont finir par fermer la ligne. » Elle est pourtant bien commode cette ligne : ainsi le grand-père qui possède un deuxième jardin tout près de la gare, où il cultive des asperges, prend souvent le train pour revenir à la maison ; quand Emile l'aperçoit, son panier plein au bras, sur le bord du talus, il ralentit le convoi et Pépère monte sur le marchepied ; trois cents mètres plus loin, le train ralentit encore pour le laisser descendre, juste devant le petit portail du jardin. Ce n'est pas un gain de temps considérable mais cela permet de bien commencer la journée. Bien sûr, le bonhomme pourrait prendre le train pour se rendre à Vendôme lorsqu'il va au marché du vendredi une ou deux fois par trimestre. Cela ne prendrait guère plus d'une heure car la ligne devant suivre la vallée du Boulon puis celle du Loir, le trajet s'en trouve un peu allongé, mais il préfère de beaucoup se faire inviter par le voisin Victor qui possède un petit cabriolet à capote et à roues caoutchoutées et dont le cheval trotte pendant les dix kilomètres de son parcours moins long, mais plus accidenté que celui du train. Cela ne prend pas plus de temps et surtout cela permet de partir et d'arriver à l'heure de son choix ou plutôt à celle que fixe l'austère et pointilleux bonhomme ; et puis c'est gratuit.

Le tramway a effectivement cessé de circuler vers mille neuf cent trente-trois ; il fut remplacé par un vilain autobus de couleur verdâtre qui était peut-être un peu plus rapide mais presque aussi salissant et beaucoup plus malodorant. Tout le village conçut une grande tristesse de la disparition de son tramway, monstre délicat qui roulait sagement au milieu des reines-marguerites, à travers les prés, comme au sein de la forêt.

La guerre de mille neuf cent quatorze avait porté un coup d'arrêt très grave aux collections des cartes postales et pour l'une des trois hélas, définitif, mais sans mettre fin tout à fait aux envois ; mieux : les éditeurs et les photographes avaient trouvé là une occasion inespérée de renouveler leurs thèmes, aussi bien que leurs stocks. De Reims et de sa cathédrale martyre, les témoignages abondaient ; on allait jusqu'aux avant-postes, dans les tranchées et dans les villages en ruines pour faire des photos et vendre ensuite les cartes aux soldats. Parfois l'envoi ne précédait que de peu la mort au front de l'expéditeur ; la lecture qui amusait le gamin prenait alors une autre tonalité dont il pouvait chercher le sens pendant des heures sans trouver autre chose qu'une vague inquiétude parfois mêlée de satisfaction : est ce qu'il ne connait pas le petit-fils de l'homme qui avait signé cette carte, qui est de son âge, et qui porte le même prénom que son grand-père ? C'est ainsi qu'aucun de ces morts qui habitaient l'album en grand nombre ne lui faisait réellement peur.

Cela ne gênait pas non plus le gamin, bien au contraire, d'accompagner son grand-père au cimetière quand celui-ci, par un bel après-midi des vacances de Pâques, partait avec sa brouette, son râteau et sa binette pour aller nettoyer les tombes dont il avait la charge. Le cimetière était un lieu encore plus silencieux, lui semblait-il, que la campagne alentour. Silencieux mais vivant, à cause du bruissement léger des couronnes de perles que le vent agitait au bras des croix, aussi bien que des photos qui ornaient nombre d'entre elles. Tous ces gens, jeunes ou vieux, avaient l'air si vivants dans leur médaillon, que la date de leur mort, certifiée ici, provoquait chez lui un étonnement renouvelé ; tout dépendait de l'état de conservation de la photo et de l'entretien de la tombe. A peine morts, certains n'avaient déjà plus d'âge, tandis que d'autres visages, éteints depuis longtemps, offraient encore tout l'éclat de la vie. D'une visite à l'autre, il retrouvait ses morts comme des témoins austères sans doute mais un peu plus familiers chaque fois. Il avait ses préférés : un zouave en uniforme, une écolière avec un gros nœud de tissu à carreaux dans les cheveux, une grosse femme à la poitrine rebondie sous son double collier de perles noires. Il découvrait avec surprise que telle tombe, un peu négligée, était celle d'une femme dont le mari, vieux certes, mais bien vif encore, lui semblait tout d'un coup bien oublieux de son deuil et de son chagrin, si jamais il en avait eu. Des homonymies le frappaient, curieuse attraction de certains patronymes pour des prénoms qui revenaient régulièrement.

On pouvait parfois reconstituer toute l'histoire d'une famille quand par hasard la plaque tombale était pleine de noms et de dates, et c'était une intéressante occupation, nullement réprimée, que de nettoyer à la pointe du couteau les inscriptions gravées, mangées par le lichen, pour faire renaître soudain un nom, une date, oubliés de tous.

La grande allée centrale était coupée en son milieu par une grande croix qui séparait deux dalles placées dos à dos. Sur l'une d'elles on lisait encore : « Ci gist l'abbé Bonneau prêtre réfractaire ». Mais plus encore que toute autre chose, la stèle du monument aux morts l'attirait : pyramide à quatre faces, au milieu d'un carré de sable fin toujours bien ratissé, entouré de chaînes. L'une des faces était consacrée au souvenir d'un combat de la guerre de mille huit cent soixante-dix qui s'était déroulé ici. Cela paraissait à peine croyable ; pourtant on en avait parlé à l'école et surtout il avait trouvé en fouinant dans le grenier un vieux livre de Paul et Victor Margueritte qui donnait beaucoup de détails avec des portraits et des cartes. Il avait été enchanté du nom si doux à l'oreille de ces généraux prestigieux : d'Aurelle de Paladines, Bourbaki, Jauréguiberry, Chanzy... Ce dernier commandait la deuxième armée de la Loire qu'on avait formée après que la première, en essayant de délivrer Paris, se soit fait battre à Orléans. En ce glacial mois de janvier mille huit cent soixante et onze, l'armée Chanzy refluait de défaite en défaite : Patay, Cloyes, Fréteval, Vendôme, en direction du Mans où bientôt elle se débanderait tout à fait. Oui, on s'était battu ici, et d'ailleurs quelques vieux s'en souvenaient : tout le monde s'était caché dans les caves tandis qu'on tirait d'un coteau à l'autre par dessus la vallée. Adossés aux pentes de Vareilles, les Français avaient résisté jusqu'à cinq heures du soir dans la ferme de Bellatour et puis ils s'étaient retirés à la nuit tombée vers Epuisay où ils se feraient battre à nouveau le lendemain. La stèle ne donne pas le nom des morts, mais seulement leur nombre : quarante-deux ; par contre elle mentionne le nom de toutes les unités engagées : quatrième bataillon de marche des Bouches-du-Rhône, seizième régiment de ligne, trente-deuxième mobiles... Sept ou huit en tout, ce qui prouve bien qu'on avait des forces et que, comme disait le livre, on aurait pu gagner la guerre si on avait été mieux commandés. Ah ! ce ministre Freycinet, enfermé dans Paris, qui ne comprenait rien, et Trochu, cet incapable... Cette lecture faisait lever une immense colère : pourquoi les chefs qui commandent ne suivent-ils jamais les conseils de ceux qui montrent si bien dans les livres ce qu'il aurait fallu faire pour gagner la guerre ? Un souvenir plus concret que la stèle se trouvait à quelques mètres de là : une pierre tombale grise, abandonnée aux ronces, à l'écriture illisible ; c'était, disait-on, celle d'un uhlan, venu mourir ici dans l'argile du Perche ; le seul de toute cette bataille à avoir trouvé une sépulture. Quand il passait devant, le gamin sautait sur la pierre pour y trépigner, mais en silence, car il est interdit de chanter ou de crier dans un cimetière. Sale Prussien ! C'est en silence aussi qu'il détaillait la liste des quarante noms de ceux qui étaient morts au champ d'honneur de la Grande Guerre. Cette liste occupait deux autres faces de la pyramide, la quatrième restant vierge. Tous les noms lui étaient devenus familiers et il aurait presque pu les réciter dans l'ordre comme à l'école la liste des fleuves côtiers : l'Aa, la Canche, l'Autie...

Mais il prenait toujours soin de retarder le moment troublant où son regard se poserait sur son propre nom ; il le dévisageait alors longuement, lentement, le lisait et le relisait avec une espèce d'orgueil qui le plongeait inévitablement dans une rêverie très personnelle. C'était lui et ce n'était pas lui. On lui avait bien dit que c'était en souvenir de son oncle, tué à la guerre, qu'il portait ce prénom mais il n'en savait guère plus sur son compte. On ne parlait jamais de lui à la maison et si, par hasard, quelqu'un, le jour de la Toussaint par exemple, risquait un mot, cela déclenchait aussitôt chez la grand-mère une crise de larmes qui mettait fin à toute évocation. A part les deux fleurets rouillés du grenier, il ne restait qu'un objet pour rappeler son souvenir dans la maison : une maquette de l'avion de Blériot qu'il avait garnie de mousse d'arbre et dont le gouvernail se manœuvrait encore. Travail d'une grande finesse mais que le temps avait rendue infiniment fragile ; toute manipulation entraînait la chute irrémédiable d'un peu d'herbe sèche et déjà, en certains endroits, on ne voyait plus que le squelette en fil de fer. Pour l'enfant, ce n'était ni un jouet, ni bien entendu un souvenir, mais seulement un objet étrange auquel il valait mieux ne pas toucher ; une interrogation.

Il restait pourtant les deux grands portraits qui se faisaient pendant au-dessus de la cheminée. Chacun des deux frères s'était fait photographier comme il est de règle pendant le service militaire. Ils semblaient s'ignorer ; l'un regardait droit devant lui, l'air grave et résolu : c'était le fantassin, et son épaulette portait le numéro du régiment : trente-six. Képi sous le bras, moustaches en croc, il ressemblait malgré ses yeux noirs à son père, qui les avait bleus ; une curieuse fossette ornait son menton. De l'autre côté de la cheminée, son frère, jeune marin en col bleu et à la moustache finement dessinée, regardait ostensiblement de côté pour avoir l'air plus naturel et plus avantageux. C'est celui-ci qui était revenu.

Fallait-il n'invoquer que la malchance aveugle à propos de l'aîné ? Certes, il n'avait pas fait d'études, comme son frère plus tard en ferait, mais on l'avait envoyé dans la région d'Orléans où les jardiniers sont meilleurs que partout ailleurs et il avait appris le métier chez un horticulteur. Il y était devenu compétent et son père avait dû être fier quand on l'avait chargé, pour la fête de Jeanne d'Arc, de décorer l'église rien qu'avec des guirlandes de feuilles et de fleurs ; c'était en mai.

Et puis tout à coup, plus rien. Son frère, à l'occasion d'une escale du « France » à Southampton, le retrouve à Londres où il est décorateur au « Savoy Hotel ». Dans un tête-à-tête, plus tard, il avait clairement laissé entendre que ce n'était pas brillant mais il s'était refermé aussitôt, d'une manière qui n'était pas habituelle chez lui et le secret était resté entre eux pour toujours.

Quelque temps encore et le voici au Canada en mille neuf cent quatorze ; trappeur. Tout le village l'apprend. Le temps de deux ou trois lettres laconiques, et il accourt du fond de sa forêt, où il pourrait rester bien tranquille, à l'annonce de la déclaration de guerre en Europe. Il ne prend même pas le temps de passer au village : ce sont les parents qui doivent se précipiter en gare de Blois où se forme son régiment, pour l'embrasser au passage d'un train qui l'emmène vers l'Est, déjà vêtu du pantalon rouge ; pressé d'aller se faire tuer le vingt août en Argonne.

« Oh quand j'ai vu Ambroise arriver, dirait plus tard la grand-mère, je n'ai pas eu besoin d'explications ; ton grand-père non plus ; il était au fond du jardin, en train d'arroser. » « Tué d'une balle en plein front », avait précisé le maire. Braves soldats d'août mille neuf cent quatorze qui sont tous morts d'une balle en plein front, pour faire moins de peine à leur parents... Rien n'était jamais revenu de celui-là ; mais les autres ? Le gamin pensait que tous ces morts étaient là dans le petit carré de sable fin mais en fait, il n'y en avait aucun. A part deux ou trois, aucun n'avait été « ramené », comme on disait. Savait-on même où ils étaient ? quelques couples de parents étaient allés après la guerre visiter un cimetière militaire, là-bas dans l'Est. La plupart préféraient lire et relire à chaque occasion le nom en lettres d'or sur la stèle du cimetière, chez eux.

Jamais les vieux grands-parents n'évoquaient devant le gamin la mémoire du disparu ; mais entre eux ? Etait-il possible que le père ne parle jamais avec la mère de ce fils si proche de lui à tous points de vue ? Et qu'avait-il bien pu penser de tous ces départs, qui ressemblaient à autant de fuites ? Que fuyait-il ? Ou qui ? Il est vrai qu'il avait lui-même quitté sa famille et son pays jadis pour suivre cette femme qui l'avait amené chez elle, ici. En cinquante ans, il n'était retourné que trois fois en Normandie mais ces trois voyages étaient fréquemment évoqués par les deux vieux comme des points de repère dans une longue chronologie et il y avait les échanges du Nouvel An : lettres rares et brèves mais qui permettaient, à force de les relire, d'imaginer beaucoup de choses, autant que si tout avait été décrit par le menu. Force des gens qui lisent peu, qui écrivent peu et qui savent déchiffrer la puissance des silences. Les neveux et les nièces étaient venus entre-temps présenter leur conjoint, avec déférence ; à chaque fois, c'était dans la petite maison qui n'avait pas l'habitude des réceptions, l'enthousiasme d'un désordre total, de grands entassements de matelas par terre, de déplacements de lits et de chaises.

Enfin, cette fois, c'était décidé : le gamin était dans ses dix ans et le grand-père l'emmènerait avec lui là-bas, tandis que son père prendrait quelques jours de congé pour venir soigner la basse-cour. Après un long voyage en chemin de fer tout entier passé à moitié penché par la portière, grisé par l'odeur du charbon, on était arrivés chez les neveux de Caen où tout de suite deux choses l'avait frappé : le carillon de Westminster qui sonnait dans la cuisine et, dans la vitrine du magasin situé dans l'entrée de l'impasse, un magnifique tank qui pouvait cracher du feu ; il s'était renseigné mais cela n'était pas dans ses moyens.

Le lendemain on était allés en famille voir les bateaux à Ouistreham ; tous lançaient de gros jets d'eau par un trou de la coque, ce qui avait surpris le jeune voyageur ; aucune des grandes personnes présentes n'avait pu lui apporter la moindre explication, mais l'important était bien que ces bateaux dont il avait tant rêvé étaient là dans une réalité encore plus belle, encore plus attirante. L'odeur des bassins et, plus loin, le mouvement, la couleur de la mer, tout donnait soudain une vie et un avenir aux évocations que lui faisait son père, lesquelles n'avaient jamais d'autre contenu que la beauté de la mer et du métier de marin. « Tu feras l'Ecole Navale, petit gars », avait-il établi de tout temps.

Reprenant le train, puis l'autobus et enfin une voiture à cheval, ils étaient arrivés au fond du Cotentin, pour coucher chez la sœur aînée du grand-père, la seule dont il parlait jamais à la maison, tant leur orphelinage précoce et la charge partagée à quatorze ans, de quatre petits à élever, les avaient rapprochés. Le grand-père et le petit-fils avaient couché sous le même lit de plumes à baldaquin et, dès le lendemain, on était allés pêcher « le sauticot », la crevette grise avec le vieux « rillet » de l'oncle Louis. On avait dégusté la pêche le soir même, après une profonde soupe à la graisse, pleine de gros haricots mange-tout. Bien que la plage ne fût qu'à quelques kilomètres, la tante n'avait pas mangé de crevettes depuis des années, depuis que l'oncle Louis, qui roulait d'effrayants globes blancs à la place de ses yeux, avait perdu la vue et son travail. On avait donc eu l'agréable sentiment de faire une bonne action.

Le plus grand étonnement pour le gamin était tout de même d'entendre son grand-père retrouver l'accent du pays pour parler des villages voisins : Saint-Marcouf où son père était né, Quettehou, Saint-Vaast, Quinéville la voisine, de tous ces lieux où il avait vécu et dont il ne parlait jamais ; de découvrir qu'il n'était pas tout entier dans ce qu'on avait l'habitude de voir là-bas au jardin, au point que beaucoup avaient fini par penser – surtout les moins âgés – qu'il était né là, dans la petite maison qu'on croyait la sienne. Un ou deux jours plus tard, sa plus jeune sœur, une paysanne robuste à bonnet plat, était venue tout exprès de Bricquebec pour le voir. Parlant de choses et d'autres sur la place du village avec le seul camarade d'école qui lui restait, quelque chose d'inattendu que le gamin avait entendu comme une explosion avait éclaté au milieu des mots qui ronronnaient : « Pourquoi, Auguste, mais pourquoi que t'es parti ? » Cinquante ans après, ce départ n'était encore ni compris ni accepté. Le bonhomme était resté silencieux, comme d'habitude ; on ne peut pas expliquer ces choses-là, si simples soient-elles. La tante pourtant s'était un peu intéressée pour finir au gamin : « Alors c'est un Amand aussi, comme ton pauvre garçon ? Comme notre pauvre père ?... » Ça n'avait pas tellement plu au gamin sur le moment de découvrir encore un inconnu qui avait porté le même nom que lui, mais il était trop absorbé par la découverte d'un grand-père qui n'avait pas fait grand-chose jusque-là pour se faire aimer, et que d'ailleurs il n'aimait que par devoir. Avec surprise il apercevait maintenant en lui une vraie tendresse, mais bien enfouie ; comme ces rochers qu'on ne découvre qu'à marée basse et où il cueillait des merveilles qu'on pouvait manger tout de suite. Lors de l'arrêt à Caen, au retour, Amand avait eu une autre surprise qu'il n'aurait jamais cru possible. Pendant qu'il prenait son dernier petit déjeuner, Pépère était sorti un moment et, à son retour, il avait posé sans rien dire le tank sur la table à côté de son bol. Malheureusement, ils n'étaient pas plus l'un que l'autre habitués aux grandes effusions.

V

Le clocher tient une grande place dans la vie des gens du bourg, et pas seulement parce qu'il occupe, avec l'église, le cœur de la place centrale. Trois fois par jour sa cloche, en appelant à la prière, donne l'heure exacte, qui n'est d'ailleurs pas toujours celle de son horloge, ce qui est une source inépuisable de plaisanteries. C'est une femme qui sonne l'Angélus ; on lui a confié ce travail par charité, parce que son bedeau de mari n'est pas revenu de la guerre où il est mort non pas de la mitraille, mais du manque d'absinthe. On en rit encore ici. Les enfants de chœur la craignent comme la peste car elle rapporte tout au curé quand elle ne peut pas faire justice elle-même ; et elle n'est pas pour rien dans la mauvaise réputation qu'ils ont dans le village.

Plus que Marie Cousin – encore un surnom – la « sacristine », ou même Monsieur le Curé, plus que l'institutrice libre qui fleurit l'autel tous les jours avec les bouquets que lui offrent ses élèves, le personnage le plus regardé, c'est le coq qui tourne là-haut à la pointe du clocher. Sa queue à elle seule mesure dit-on près d'un mètre, aussi est-il remarquablement sensible au vent. On le consulte sérieusement quand la charrette passe sur la place et l'on n'hésite pas s'il le faut à envoyer un gamin s'assurer de sa direction pour mieux prévoir le temps bien que presque toutes les maisons possèdent un baromètre. Est-il tourné au nord ? Le vent de galerne n'apporte que du beau temps ou du froid, et en hiver, le froid c'est du beau temps parce que le gel « ramasse » la boue ; mais le plus souvent le coq regarde vers l'ouest d'où viennent tous les nuages et la pluie. On dit qu'il a le bec dans l'eau... Tout le monde craint en janvier ou février la pluie qui va traverser le cuir des galoches et peser lourd dans la pèlerine bleue des écoliers. A moins que cette pluie ne dure des jours et des jours, ce qui nous donne alors à espérer « qu'on va avoir la crue ». La crue, c'est l'événement, c'est la joie, et c'est la vraie particularité du village car ici ce n'est pas simplement une rivière qui déborde, comme partout ailleurs.

Ici, la crue, c'est un fleuve qui naît de partout, qui grossit en empruntant les fossés et les chemins et qui s'assemble au milieu des prés, majestueux et éphémère, avant d'aller se jeter dans la vraie rivière qu'il bouscule et submerge en transformant tout le paysage. Les gens de Bois-Robert d'abord vont l'annoncer : leurs terres regorgent de pluie et les prés au fond du vallon sont « à blanc d'eau » ; depuis hier, ils entendent gronder le mystérieux « puits de la cave » au fond duquel coule, dit-on, la rivière qui s'est enterrée quelques kilomètres en amont, avant de resurgir au pied du village. Ce matin, le gars de la Charmoise n'est pas venu en classe, signe que le chemin qui l'amène hors de sa forêt est déjà plein d'eau. Dès la sortie de l'école, à midi, tous les gamins du bourg dévalent les rues qui conduisent à la rue basse pour se retrouver devant le pont de la Valase. Valase comme on dit ? ou Valaise, comme c'est écrit sur les cartes postales ? Charmoise, ou Charmae ? Je sens bien que ce choix n'est pas sans conséquence pour moi, mais il me trouve toujours aussi hésitant, désarmé.

« Ça y est, elle arrive ! » Ce n'est encore qu'une langue d'eau qui s'infiltre à mesure qu'elle se faufile dans l'herbe, puis le flot grossit et, si l'on attend un peu plus, c'est un torrent qu'on voit arriver du fond des prés, charriant des branches mortes, des planches ou des bûches arrachées à quelque réserve mal rangée. Le pont, dont la présence paraît si insolite en été au milieu de la prairie, devient soudain le lien unique qui permet de joindre les deux bords de la vallée. Les plus hardis des gamins et les plus délaissés, ceux chez qui on ne mange jamais à l'heure, courront en amont du bourg, jusqu'au vieux pont où se réunissent une première fois tous les flots boueux qui descendent des hauteurs et les eaux de la mystérieuse rivière souterraine. D'un pont à l'autre, la crue a creusé un véritable lit qui chemine entre deux talus plantés de saules et de peupliers, tout au long du grand pré. Aujourd'hui, c'est le jour des moulins construits à la hâte, et renaît le vieux rêve du radeau que j'essaye chaque année de réaliser avec des rondins volés dans le boissier sans jamais pouvoir le faire naviguer. Quel est donc le secret des radeaux qui flottent ?

Dans quelques jours, quand la crue sera retirée, il restera de grands trous d'eau dont certains seront encore pleins l'été venu et, dans ces trous, quelques truites toujours restent prisonnières. Peu avant la tombée de la nuit, pendant que les voisins seront occupés à traire leurs vaches, nous irons avec le grand-père, en poussant une brouette, comme pour aller vider des pierres ou des herbes sèches. Dans la brouette il y aura l'épervier, de grandes émotions et un bon souper en perspective. Quelques jours plus tard, c'est la grand-mère que j'accompagnerai dans le grand pré à la recherche des jeunes pissenlits perdus au milieu des herbes couchées par le flot, à demi sèches déjà, et qui dégagent maintenant une merveilleuse odeur d'eau légèrement croupie et de vase fraîche. Une odeur de poisson aussi, et il arrive qu'on retrouve quelque anguille égarée dans le pré, désespérément en quête du flux qui devait l'emporter vers la mer. Depuis le premier jour de la crue, on ne pense qu'aux truites. Sitôt le reflux commencé, ce qui ne demande qu'un jour ou deux, dès que la rivière est rentrée dans son lit, l'équipe habituelle des vieux pêcheurs s'est reformée. L'ancien maréchal-ferrant, le vieux jardinier et l'ouvrier sabotier s'y retrouvent ; les autres ne s'intéressent pas à la pêche ou ne savent pas manier l'épervier.

Pour la circonstance mon grand-père enfile une vieille veste de chasse, don de quelque ancien patron, mais ses cuissardes pendues dans la remise sont depuis longtemps percées et il reste en sabots ; bien entendu c'est moi qui porte la musette. On se rend ensemble au bord de la rivière et, à partir de là, c'est chacun pour soi. Placé à bonne distance derrière mon pêcheur, je le regarde démêler son filet par petites pincées, qu'il regroupe ensuite avant de les rejeter sur son épaule gauche ; de la même manière, l'autre moitié du filet est regroupée dans la main droite ; enfin tout le haut du corps se balance afin de permettre au lourd filet plombé de se déployer dans l'espace : dessinera-t-il un beau cercle sur l'eau trouble ou bien, mal ouvert, laissera-t-il échapper toute chance d'emprisonner un poisson ? Au sortir de l'eau, mon travail est ingrat mais important, je ne l'ignore pas : il faut enlever une à une toutes les brindilles de bois mort qui emmêlent ou déchirent le filet ; la rivière en est pleine mais c'est le prix à payer car dès que les eaux seront redevenues claires, il faudra abandonner l'épervier qui n'est efficace qu'en eau trouble quand la truite est aveugle.

Le nettoyage du filet prend du temps ; il retarde aussi les deux autres concurrents ; quand je les vois ainsi occupés, je m'active encore plus afin que mon pêcheur puisse gagner un peu de temps sur eux, et lancer une ou deux fois supplémentaires car, je dois bien le dire, il est le moins adroit des trois ; et puis ne s'agit-il pas pour chacun d'arriver le premier d'un air tout naturel aux trous qui sont réputés les plus favorables ? Quand on reviendra, trempés, fourbus, à midi, la grand-mère se précipitera sur la musette pour en examiner le contenu : « Mouais, deux harengs et une sardine... », mais elle les fera cuire sans attendre, ravie tout comme ses deux hommes.

La rivière, parce qu'elle est une source de vie, est une source de bonheurs ; outre l'abondance de ses truites, son eau limpide et glacée offre d'inépuisables récoltes de cresson que ma grand-mère m'envoie sans crainte faire seul le jeudi. Il n'y a guère qu'un demi-mètre d'eau et, après avoir trié le vrai cresson du faux dans les longues coulées végétales qui poussent au milieu de la rivière, on a tout loisir de pêcher le curieux petit chabot qui se cache en leur sein ; craintif, il se réfugie sous les pierres qu'on soulève lentement afin de le piquer avec la fourchette. « C'est le meilleur de tous les poissons, il a un goût d'anguille », dit mon grand-père, pour une fois un peu sévère avec les truites. Si l'on a été trop maladroit ou trop pressé, il reste une ressource définitive qui consiste à arracher du lit de cailloux tout le flot de verdure, à le rouler rapidement et à jeter le tout sur la rive : les chabots, nombreux, n'ont alors aucune chance de s'échapper et en outre le miracle n'est pas impossible ; il arrive qu'une petite truite se soit aussi laissé emprisonner. Dans deux mois tout aura repoussé.

La pêche est une activité pour laquelle j'évite exceptionnellement la compagnie des autres gamins, mais il est rare autrement qu'on nous voie les uns sans les autres ; on nous appelle la « bande des enfants de chœur » puisqu'aussi bien le curé n'a pu faire autrement que de recruter tout ce qu'il y avait de garçons dans le bourg. Il n'a eu aucune possibilité de tri et cela renforce en nous le sentiment de former une solide communauté.

On pouvait d'ailleurs fort bien être un petit voyou, un enfant de pauvres et excellemment servir la messe, l'inverse étant également vrai ; en tout cas il est certain qu'après avoir enfilé soutane et surplis nous nous sentions autres. Pour le temps de la messe au moins, nous disparaissions derrière le vêtement, uniquement préoccupés du rituel de notre service. Pourtant, je dois bien l'avouer, nos plus grands fous rires se situaient pendant le Saint Office, et plus précisément pendant certaines messes d'enterrement, lorsque la contrainte étant trop forte et le recueillement trop intense, le moindre sussurement de moquerie, le moindre bruit de corps pouvaient déclencher d'odieuses escalades de gaieté, face à l'assemblée endeuillée. Cela n'arrangeait pas notre réputation. Nous en recevions parfois l'écho pendant la Semaine Sainte alors que, les cloches étant réduites au silence, il nous fallait annoncer les offices et les angélus en agitant d'énormes crécelles à travers les rues du village, avant de partir en campagne à la quête des œufs de Pâques. Je veux parler des vrais, des premiers œufs que font les poules quand elles se remettent à pondre après la mue de l'hiver. Nous visitions deux par deux toutes les fermes alentour, le panier au bras ; mais ma grand-mère n'appréciait pas trop cette espèce de mendicité dans laquelle m'avait entraîné le plus pauvre de la bande. C'est peut-être d'ailleurs surtout après ce compagnonnage qu'elle en avait.

La messe du dimanche matin avait un petit air de fête de famille, relativement intime, sans grande surprise. Au premier rang, les filles de l'école libre à la présence obligée, ce qui ne faisait tout de même que deux demi-rangées, et leur institutrice, qui commandait les mouvements avec une espèce de claquoir que je n'ai malheureusement jamais pu voir de près. Le charmant sourire qu'elle offrait dans la rue à tous les passants se transformait, sitôt entrée à l'église, en un masque impénétrable, prêt à toutes les sévérités. Nous avions beau savoir qu'elle ne frappait jamais ses élèves, elle parvenait en une heure par semaine de sa présence à nous terroriser. Combien nous préférions nos maîtres à nous ! D'ailleurs aucune de ses élèves ne parvenait jamais jusqu'au certificat d'études. Au-delà de ces deux rangées, l'assemblée des femmes était éparse mais régulière et assidue : une trentaine environ.

L'apprentissage fini, le service d'enfant de chœur était vite devenu une routine sans grand intérêt encore qu'il fût cent fois plus amusant d'être dans l'enceinte réservée aux ecclésiastiques que sur le banc familial ; ne serait-ce par exemple que pour voir de près la préparation du pain bénit. Monsieur le Marquis à son banc de fabrique, pour gagner du temps, commençait par diviser la couronne de brioche dans son épaisseur de façon à en faire deux couronnes concentriques ; à chaque tranche qu'il coupait ensuite il faisait donc deux morceaux. Il maîtrisait son art au point de toujours faire des parts égales quels que soient la grosseur et le diamètre de la couronne ; après quoi, ramassant le tout à deux mains, il remplissait la corbeille festonnée de dentelle avec laquelle l'un de nous irait faire la distribution, banc par banc. Les morceaux étaient-ils comptés ? Je ne me souviens pas que quiconque ait jamais pu en mettre un seul dans sa poche mais je me souviens avec délice de la saveur qu'ils avaient et que leur petite taille rendait encore plus précieuse. Il faut dire que les brioches au beurre de notre boulanger constituaient le seul dessert qui fût commercialisé dans le bourg.

Les enfants de chœur aimaient naturellement les fêtes carillonnées lorsque tous les bancs sont garnis de femmes et les stalles derrière l'autel pleines d'hommes ; cela leur donnait de l'importance et puis le service était un peu plus corsé. N'est-ce pas la vue d'un aîné balançant avec aisance son encensoir qui avait fait naître chez moi le désir de porter la soutane rouge ? Quel moment avait été dans ma vie celui où j'avais enfin pu voir de près comment on mettait les petits grains d'encens sur la pastille de charbon enflammé ! Ces jours-là, on voyait des gens qu'autrement on ne voyait jamais et l'on bénéficiait d'une distraction supplémentaire : celle de voir là-haut dans la tribune la tête du souffleur d'orgue apparaître et disparaître successivement tandis qu'il actionnait le bras de son soufflet. En temps ordinaire il fallait se contenter du son criard et maladif de l'harmonium. La religion du dimanche ne nous aurait apporté que des joies s'il n'y avait eu les vêpres, pour lesquelles il me fallait encore revêtir l'habit du desservant. L'assistance était alors réduite à quelques femmes plutôt âgées dont il était facile de voir qu'elles n'avaient aucune autre distraction pour ce jour-là et dont l'existence, par cela même, était tristement irréprochable. De vieilles filles pour la plupart, parfois bien habillées.

Pour moi, quelles que fussent la gloire des vêtements sacerdotaux bien plus luxueux que pour l'office du matin et la pompe ou l'enthousiasme des chants sacrés – « *Veni Creator Optime...* » – rien ne pouvait empêcher la tristesse invincible des vêpres de me submerger. Encore heureux quand on n'avait pas entendu le matin le prêtre annoncer : « A quinze heures, vêpres salut et procession ». Malgré les cantiques, malgré l'intense conviction partagée des quelques assistants éparpillés dans l'église, je sentais alors ma foi, pourtant sincère le matin encore, vaciller gravement sous les coups de l'interminable chapelet. Non seulement il n'y avait plus personne à côté de moi pour pouffer grassement à propos du « fruit des entrailles » de Marie, mais, la solitude incitant à la contrition, chaque Ave Maria était une occasion de demander pardon pour ma mauvaise conduite du matin. J'entendais en même temps les cris, les rires de ceux qui jouaient dehors comme un appel non moins puissant tandis que je suivais à travers les figures colorées des vitraux le lent déplacement des rayons du soleil qui allaient bientôt disparaître, inexorablement, injustement, annonçant la fin du dimanche.

L'humeur des enfants change heureusement aussi vite que le ciel en avril et, dès le lundi matin, nous refaisions nos forces dans la cour de l'école : nos jeux étaient infiniment variés et nous en avions pour toutes les humeurs et pour toutes les modes.

Jeu de carré, à deux, trois pierres chacun ; toupie qu'on entoure de ficelle pour la lancer et dont on fait de fameux concours de durée, haletants au bord du petit espace soigneusement nettoyé. Jeux violents enfin, comme le jeu des barres qui avaient en toute saison notre préférence et qui nous laissait suants et essoufflés au moment d'entrer en classe, le cœur encore plein d'agressivité et de bonheur. Il pouvait cependant se trouver parfois quelque temps mort pendant la récréation ; le grand recours était alors de « jouer au saoûlot ». N'importe qui faisait l'affaire pourvu qu'il adopte une démarche à la fois claudicante et titubante en poussant le cri du dindon mâle : « coudrou, coudrou… » et qu'on puisse le bousculer jusqu'à le faire tomber dans quelque encoignure. Chacun connaissait le vrai modèle du jeu, qui s'appelait Pierre Martin. Tous les trois ou quatre dimanches, il faisait irruption dans le bourg ; tôt arrivé et proprement habillé, il aurait pu passer pour un paroissien qui venait à la messe. Bien que personne ne lui répondît jamais, il saluait tout le monde avec une sorte d'ironie polie, en portant deux doigts joints à la visière de sa casquette. Son baluchon de linge sale pendu au bout d'un bâton sur l'épaule, il se rendait d'abord chez sa laveuse attitrée. Après quoi, il commençait la visite méthodique des cinq cafés ; là, attablé devant la fillette de blanc qu'on lui apportait sans rien dire et sans même qu'il ait besoin de la commander, il poursuivait avec lui-même une interminable conversation ponctuée de rires soudains et d'éclats de voix inexplicables. Si quelqu'un des gamins qui lui faisaient injurieusement escorte venait par la fenêtre le provoquer de façon par trop méchante, il se levait et se précipitait dehors en boitant, le bâton levé. Son œil borgne et le crochet de fer qui terminait son bras devenaient alors plus effrayants et les gosses s'égaillaient, un peu inquiets tout de même. Vite calmé cependant, il regagnait sa place en haussant les épaules et en expliquant à la cantonade : « coudrou, coudrou… »

Pierre Martin restait au village aussi longtemps sans doute qu'il avait de l'argent ; aucun café d'ailleurs ne lui eût fait crédit, tout bon client qu'il fût. Si la fête durait deux jours, lors de l'assemblée par exemple, il buvait pendant deux jours apparemment sans prendre aucun repas. Où dormait-il alors ? Par un matin d'hiver, on l'avait trouvé enfoui sous la neige, dans le fossé, et on s'était étonné qu'il soit encore vivant. Personne ne lui connaissait ni famille ni amis ; quant à l'origine de ses blessures, de ses mutilations... la guerre peut-être ? Le lundi revenu, il disparaissait pour regagner la ferme où pendant un mois ou deux il reprendrait le travail de saison : biner les betteraves, planter les choux-vaches, sarcler les pommes de terre, de l'un chez l'autre. Etonnamment distant, muet et sobre pendant les repas pris en commun avec les charretiers, il repartait sitôt après, toujours seul, au devant de l'immensité des sillons. La nuit, il était un peu moins bien loti que les ouvriers ; quand chacun avait droit à un châlit muni d'une bonne paillasse dans l'écurie aux chevaux, lui couchait dans la grange, à même la paille, toujours seul ; si l'on excepte les rats.

Le meilleur moment de la journée pour jouer, c'était tout de même le soir, à l'heure où il n'y avait plus de risque de voir « Monsieur » sortir de l'école et s'étonner de nous voir traîner. Encore fallait-il, pour pouvoir se retrouver, braver l'interdiction et s'échapper de la maison. J'avais compris très tôt que le meilleur moyen, c'était d'obtenir une autorisation en bonne et due forme, ou mieux encore, un ordre exprès ; il suffisait d'en suggérer le motif ou d'en fournir soi-même l'occasion afin de s'assurer le mérite d'une initiative louable, petit capital de crédit auquel il serait utile de recourir en cas d'incident de parcours final. Le prétexte le plus facile et le plus usuel était évidemment l'achat du pain. Pris par le travail ou l'infirmité, mes grands-parents rechignaient à faire pour si peu le déplacement dans le bourg.

En ce temps-là, on pesait le pain et la boulangère ne manquait pas d'ajouter le croûton frais qui « ferait la pesée ». Le temps de le manger, et l'on pouvait rendre quantité de visites, voir une infinité de choses, raconter ou entendre un tas d'histoires. La nécessité de préparer le bois du lendemain pour l'allumage de la cheminée fournissait un autre prétexte puisque la réserve à bois était située hors les murs ; prétexte facilement accepté, mais finalement peu sûr. Il fallait que le temps volé pour la promenade puisse être imputé au sciage des bûches ou à quelque rangement, fait à la hâte. Difficile ! en fait, tout se jouait sur la faculté qu'ont les grandes personnes et notamment les grands-parents à perdre assez vite la notion du temps écoulé. Sachant cela, je veillais à ne pas perdre un seul instant et, sitôt la grille franchie, je m'élançais à toutes jambes dans la montée de la petite traverse qui reliait la maison à la rue principale du bourg ; pour m'encourager à courir plus vite, je ne manquais pas alors de me remémorer le vilain rêve que je faisais régulièrement : obligé d'aller chercher une bouteille de vin au fond de la cave dans une obscurité totale, j'étais happé en arrière et empêché de courir par un affreux diable, cornu et fourchu, du type le plus souvent dépeint ; je ne pouvais jamais accéder à la lumière de la sortie, sauf au prix d'un réveil non moins terrifiant.

De jour, bien sûr, j'avais toutes mes chances ; tout au moins jusqu'au moment où, plongé avec un camarade dans quelque course de petites voitures sur le sable, je l'entendais soudain signaler : « Tiens, voilà ton grand-père ». D'abord, en le voyant s'approcher si calmement, l'air benoît, j'essayais de me persuader qu'une commission imprévue l'amenait à son tour dans le bourg ; mais la badine d'osier qu'il ne cachait plus effaçait vite ce qui au fond n'avait même pas été un doute. Le retour à la maison se faisait au pas du bonhomme, surtout pas plus vite, et les coups pleuvaient sur le mollet nu aussi longtemps que la colère durait. Ce n'était pourtant qu'un mauvais moment à passer ; le temps de l'oublier, de rétablir dans la maison l'harmonie un instant dérangée, et je pouvais recommencer. Comment résister en effet à l'appel muet du groupe que l'on savait agglutiné sur la place de l'église autour de Maurice ?

Celui-ci exerçait sur nous tous une emprise énorme qui tenait à son art, jamais épuisé, d'imaginer chaque jour un tour nouveau et d'en faire rire l'assemblée jusqu'au moment du moins où le tour étant découvert ou bien ayant échoué, il fallait trouver un coupable ; mais là non plus il n'était jamais à court d'idées et savait toujours désigner le retardataire ou l'innocent qui payerait pour les autres. Ma grand-mère détestait ce gamin, qu'elle connaissait pourtant moins bien que moi, mais il avait à ses yeux le défaut inexpiable d'être l'enfant d'une fille de l'Assistance que le mariage avait mise à l'aise et qui « depuis s'en croyait un peu trop ». Elle lui reprochait d'être « vicé », et menteur, ce qu'à part moi, je ne contestais guère, mais après tout n'y était-il pas contraint ?

Quoi qu'il fasse, il était sûr d'avoir tort aux yeux de l'un au moins de ses parents, ceux-ci semblant s'être juré de ne jamais être d'accord, en rien, sur ce qui concernait leur rejeton. Certain d'avoir dans tous les cas sa raclée quotidienne, il pouvait dès lors agir sans crainte et sans réserve au gré de son imagination, qui n'avait pas de limites. Boire le vin de messe, cacher la barrette du prêtre juste avant qu'il ne quitte la sacristie pour entrer en scène, mettre des têtards ou bien une boule de bleu à linge dans le bénitier avant de se cacher derrière un pilier pour jouir de l'effet produit, nous avions tout fait sous sa conduite et nous avions épuisé les plaisirs les plus simples quand Maurice décida d'innover et de frapper un grand coup.

Il lisait régulièrement *Hurrah, Mandrake* et autres *Mickey*, or ceux-ci étaient pleins cette année-là des exploits de l'homme-oiseau venu d'Amérique. Il s'appelait Clem Sohn et devait venir se produire à Villacoublay avec son parachute. Nous avions longtemps rêvé de cet événement que nous n'avions aucune chance de voir quand, soudain, nous apprîmes la triste fin du héros dont le parachute ne s'était pas ouvert et dont le corps, disait-on, avait ouvert un trou de plusieurs mètres dans le sol. Malgré cela, ou à cause de cela, tant nous avions confiance en Maurice, il nous parut tout naturel d'être invités, peu de temps après, au saut d'un nouvel homme-oiseau près du pont de la Valase. Muni d'un drap dérobé dans l'armoire familiale et qu'il avait noué aux quatre coins, Maurice grimpa à mi-hauteur d'un peuplier et, devant la troupe admirative, se lança dans le vide ; il s'en tira fort bien, puisqu'il n'eut qu'un poignet cassé ; le droit, naturellement, et cela lui valut aussitôt une grande notoriété, à l'école, dans le bourg, puis aux alentours et bientôt dans toute la région. Les rédactions des élèves en classe, les boutades ironiques du maître, les reproches des parents, tout était imprégné désormais du bruit de l'exploit, inlassablement raconté, commenté par les contemporains et, comme malgré eux, glorifié.

Naturellement Maurice n'était pas insensible à cette renommée qui lui venait du ciel mais, reconnaissons-lui ce mérite, il avait l'esprit de méthode et la patience qui font les grands inventeurs. Ayant réfléchi sans doute aux causes physiques de son échec, il crut en avoir trouvé une : c'était l'excès de poids par rapport à la surface portante. Il élabora donc une nouvelle tentative : si son poids à lui était excessif, un chien, plus léger, ferait certainement l'affaire. On en attrapa un sans peine, qui fut attaché à un grand parapluie bleu, hissé dans le peuplier et jeté de là-haut et jeté à son tour. L'animal étant retombé sans dommage sur ses pattes, on put vérifier que l'hypothèse était correcte et le principe du parachute bien fondé. Fort de cette vérité expérimentale, Maurice poursuivit dans la même logique jusqu'à la preuve finale. Il choisit cette fois pour le fixer au parachute le jeune frère d'un camarade, d'un poids compris entre le sien propre et celui du chien. Cela fit un deuxième poignet cassé, une nouvelle raclée, mais cette fois la gloire de l'expérimentateur était établie pour des décennies.

Ce n'étaient là, faut-il le préciser, que des aventures tout à fait exceptionnelles et, le plus souvent, on se contentait de jeux ou de spectacles plus innocents, comme d'aller le jeudi matin à la tuerie du boucher, voir mourir la vache qui fournirait la viande de la semaine à tout le village. Certes, nous redoutions le moment fatal où le merlin s'abattrait sur le front de la bête, ainsi que le coup de couteau qui donnait naissance à un fleuve de sang, mais tout le reste était passionnant, malgré les essaims de mouches vertes et l'odeur insoutenable de l'endroit, surtout en été.

Nous nous retrouvions souvent aussi, grâce à la complicité du même commis boucher, dans le local où il préparait les charcuteries et notamment le saucisson cuit que nous mangions tout chaud, jusqu'à l'écœurement. C'était une distraction tranquille, dès lors qu'on avait verrouillé la porte et que l'un de nous veillait régulièrement à travers le carreau de la fenêtre. Malheureusement, le commis fut remplacé par un autre, et il nous fallut bien reconnaître que la complaisance n'était pas liée à la fonction mais bien à l'individu.

Ce nouveau venu s'était mis à fréquenter la fille du perruquier, celle-là même qui coupait les cheveux aux gamins, en guise d'apprentissage ; cela ne manquait d'ailleurs pas de me donner de fortes mais discrètes émotions quand, renversant ma tête en arrière afin d'essuyer mes cheveux mouillés, elle l'appuyait contre sa belle et forte poitrine. Notre groupe avait été le premier témoin de l'idylle qui donnait maintenant le prétexte à de fréquentes rencontres et parlotes dans tous les couloirs et renfoncements de porte que comptait la place du bourg. Cela n'allait pas sans nous agacer : n'était-ce pas de la provocation ? ou bien, pire encore, n'était-ce pas une façon de nous traiter comme si nous n'existions pas, comme si nous n'avions aucune espèce de sentiment ? Quoi qu'il en soit, il fut décidé, un jour que l'ennui ruisselait avec la pluie, que nous devions donner une leçon de savoir-vivre à ce lourdaud qui, de plus, portait un nom tout à fait ridicule. Cette leçon prit la forme d'un billet que j'avais naturellement été chargé de rédiger. J'étais assez fier de ce petit poulet que je jugeais bien tourné, drôle et en tout cas très opportun, puisqu'il y était essentiellement question de lit, de bébé et de mariage. Le tout ne pouvait laisser aucun doute sur notre sens de l'observation, non plus que sur notre maturité physique et intellectuelle. L'intéressé reçut le billet, et de loin nous le vîmes le lire sans lever le sourcil, puis le glisser dans la poche de poitrine de sa salopette.

Quelques jours s'étaient écoulés, pendant lesquels nous avions eu sans doute des soucis plus importants que la suite de cette histoire quand un soir, tandis que j'achevais de goûter dans la cuisine, mon grand-père entra comme un furieux et, m'attrapant aux cheveux, me cria d'abord : « A genoux ! » avant de me sommer de demander pardon. Pardon de quoi ? A qui ? Pour quoi ? Les coups pleuvaient tellement vite et tellement fort entre les questions que je ne parvenais pas à esquisser une réponse ; mes larmes, de toute façon, ne m'auraient pas permis de parler. A son tour le vieil homme perdait le souffle, malade de rage et, je le compris enfin, de honte. Il consentit sur les instances de ma grand-mère à m'abandonner, non sans m'avoir ordonné de rester à genoux et de réciter mon chapelet jusqu'à l'heure du souper. Je dus bien passer deux heures ainsi, pendant lesquelles j'eus tout le temps de méditer sur une faute dont il n'avait même pas osé me parler, tant elle lui paraissait odieuse et véritablement innommable. L'événement ne fut plus jamais évoqué entre nous, d'aucune façon, si ténue et allusive soit-elle : il savait pardonner, mais seulement après avoir puni.

Au demeurant, il était difficile et dangereux pour tout le monde de parler des choses de l'amour et du sexe autrement que sur le ton de la gaudriole salace et en petit comité. Dites à l'oreille et avec des mots convenables, la chose était sans doute pire : la suspicion et le malaise étaient dans presque tous les esprits et c'est peut-être encore les enfants qui étaient le moins gênés pour se répandre en gestes plus obscènes les uns que les autres.

Malheur, par contre, aux adolescents qui n'avaient pas su rester sages ou discrets, car tout se savait et il était de redoutables tableaux d'honneur méchamment mis à jour. C'est bien entendu les filles qui en tous cas tenaient le rôle d'accusées et celles qui suivaient leurs penchants prenaient des risques immenses. C'est ainsi que tout le village avait été tenu informé de la mésaventure survenue à un jeune couple non marié, surpris dans une position sans équivoque par la mère du garçon. Horrifiée, la bonne femme, qui ne s'était tout de même pas gênée pour ouvrir sans crier gare la porte de la grange d'où il émanait de drôles de gloussements, ne s'en prit qu'à la fille. Elle la menaça d'un rapport immédiat à sa mère qui était bien la plus méchante femme qu'on pût trouver dans le pays et dont on savait qu'elle battait comme plâtre les enfants de l'Assistance qu'elle avait en garde, aussi bien que sa fille et son mari. Le garçon eut beau faire toutes les représentations possibles à sa mère, rien n'y fit : coupable d'avoir dévoyé son fils, la fille fut dénoncée. Il fallut trois jours aux gendarmes pour la retrouver transie de peur et de faim sous un lointain hangar. Il ne lui restait plus qu'à quitter le pays, mais l'honneur d'une famille avait été sinon sauvé, du moins épargné.

VI

Je me sens chez moi à l'école autant qu'à la maison ; j'ai le sentiment que c'est pour moi seul que le maître fait la classe, qu'il ne s'intéresse réellement qu'à moi et, si je suis bon élève, c'est pour lui rendre cet amour que je crois fait pour moi. On mesure bien pourtant toute la distance qui éloigne ce maître de nous et la sévérité glaciale qui émane de lui. Aucun enfant ne parlerait de lui en son absence autrement qu'en disant « Monsieur » et lui-même parle de sa femme à la troisième personne : « Si tu ne sais pas ta leçon, je t'envoie l'apprendre chez Madame ! » Dans la classe des petits.

La salle de classe et dans une certaine mesure l'école tout entière forment une sorte d'ensemble sacré où l'on voit rarement les parents ; ils n'ont pas plus envie d'y venir qu'on n'a envie de les y recevoir. L'école c'est une affaire entre le maître et les enfants. Même en son absence, on n'y entre qu'en marchant sur la pointe des pieds et jamais sans sa permission.

D'ailleurs tout y est impressionnant, l'ordre immuable des tables aussi bien que les symboles vivants du savoir et de la science que représentent Jules Ferry et Paul Bert dans leur cadre, accroché à la place d'honneur à côté de Marianne. Rien qui évoque le jeu ou qui incite à la distraction, si momentanée soit-elle : pas de dessin, pas de photo ni de reproduction, mais une épaisse collection de cartes de géographie pendues à deux clous, dont chacune avait été ou serait instrument de torture lorsque, le jour de l'interrogation venu, il faudrait rendre à la carte muette le nom de ses rivières, de ses villes ou bien, comble du cauchemar, redécouvrir le tracé des lignes de chemin de fer ou des canaux.

Bien entendu le couple jouit dans le village d'un prestige très particulier. Cela tient sans doute d'abord au fait que, ne s'affichant jamais en public avec quiconque et surtout pas au café, ils ne donnent aucune prise à la médisance ; faute d'avoir pu leur dire du mal de quiconque, chacun peut se croire devenu meilleur, ce qui porte plus facilement au respect. Plus encore, les villageois sont conscients que cet homme en cravate se donne du mal ; d'une autre manière qu'eux, mais autant qu'eux et cela suffit à lui valoir toute leur considération. Ils savent bien qu'il parviendra à faire de quiconque arrive chez lui sinon un bon élève, du moins quelqu'un qui saura encore, étant au régiment, écrire une lettre seul et sans trop de fautes. Dieu sait pourtant si le matériau initial est parfois ingrat et rebelle au polissage ; tel gamin dont les parents vivent au fond des bois de la Charmoise doit parcourir plus de cinq kilomètres en sabots avant d'arriver en classe en même temps que ceux du bourg. Bien entendu, ceux-ci l'appellent « l'homme des bois », surnom qu'il échangera contre celui de batracien un jour que, après avoir décliné correctement pourtant tous les ordres des vertébrés, et prié de se situer en l'un deux, il s'afficha dans celui des grenouilles.

Le maître, dans ces cas-là, est sans pitié et c'est vrai que les coups de règle sur les doigts et les taloches tombent souvent ; et trop souvent sur les mêmes, ceux-là peut-être qui ont dû la veille garder les vaches ou soigner les cochons dès le retour de l'école, sans avoir le temps et peut-être même le droit d'étudier leurs leçons. Mais à côté, que d'efforts, d'intelligence et d'opiniâtreté pour rendre le savoir accessible à tous et pas seulement à quelques-uns. « Monsieur », en particulier, avait mis au point un grand nombre d'astuces ou de trucs pour soutenir nos volontés mal affermies. N'était-il pas allé par exemple jusqu'à payer de ses deniers l'impression de fiches individuelles comportant toutes les dates de l'histoire de France ? Jusqu'à donner vie à un certain William Panru dont l'initiale et le nom fournissaient lettre par lettre et dans l'ordre la référence de tous les traités des guerres de Louis XIV, de Westphalie, Pyrénées... à Utrecht ? Cette manie qui ne faisait sans doute que sacrifier aux exigences programmatiques de l'époque, pouvait porter des fruits plus riches : ainsi de la façon de dessiner sans erreur possible, à partir du papier quadrillé de nos cahiers, les contours de la carte de France, et d'y porter au bon endroit la place des principales villes. Moins spectaculaires peut-être, mais aussi efficaces étaient certaines règles de la vie scolaire, comme l'obligation pour chaque élève de lire un livre de bibliothèque tous les quinze jours. Il avait ses auteurs préférés qu'il recommandait aux bons élèves, avertis qu'il en tirerait quelque jour une dictée : *Sans famille* bien sûr, mais aussi *Les croix de bois* et puis *Peau de pêche* et *De Goupil à Margot* de son cher Louis Pergaud. N'ai-je pas pleuré en lisant la fin de « Louhélie sous le grand nénuphar » ? Mais plus que tous peut-être, c'est « Raboliot » qui nous était familier. Bien que la Sologne fût un peu éloignée de nous, c'est du pays qu'on parlait : des lapins et des « bracos », ce que nous essayions tous d'être un peu.

Les dictées et surtout le fameux « Racontez le dernier livre que vous avez lu » constituaient de féroces moyens de contrôle qui rendaient la présence du maître sensible jusque dans nos maisons. Gare à celui qui se risquait à ramener un livre sans l'avoir vraiment lu. Cet homme ne vivait que pour nous instruire et, dans l'atmosphère d'application qui était celle de la classe, ce n'était pas un handicap d'avoir plusieurs cours qui se côtoyaient. C'était en tout cas, à tort ou à raison, un puissant moyen de stimulation lorsqu'un « petit » était invité à répondre à la place d'un plus âgé et le faisait avec succès. Aussi disait-on dans le village que le maître avait ses préférés :

ceux qu'il avait repérés de longue date comme des candidats potentiels au certificat et qui, dès lors, feraient l'objet d'une redoutable attention. Il était notoire que « Monsieur » n'avait jamais eu d'échec et que le premier du canton était souvent issu de sa classe. On ne peut nier qu'il ne prenait pas de risque en évitant de présenter les moins bons élèves, mais il est vrai aussi que, le certificat passé, il s'évertuait à enseigner l'algèbre à des enfants qui ne pourraient quitter l'école qu'un an plus tard ; à des garçons qui seraient dans six mois loués dans une ferme et « mis au cul des chevaux »...

Et puis, malgré son air sévère, il pouvait s'émouvoir à la pensée que ceux qui, habitant très loin, n'arriveraient chez eux qu'après avoir marché un long moment dans la nuit noire. Alors, pour peu que la pluie menaçât, ou l'orage, il les laissait partir un peu plus tôt. Les plus éloignés auraient marché pendant huit à dix kilomètres au total depuis le matin sans même avoir eu le réconfort d'un vrai repas de midi. Chacun d'eux amenait chaque lundi et chaque vendredi trois ou quatre pommes de terre qu'une femme de ménage faisait cuire en une vaste purée qui revenait donc tous les jours tout au long de l'année. Pour l'accompagner, un petit bout de viande froide, un œuf dur, une pomme tirés de la musette. La purée avait au moins l'avantage d'être chaude.

Bien entendu, « Monsieur » était aussi secrétaire de mairie et travaillait donc après l'école. Cela signifiait pour les élèves qu'il n'aurait aucune hésitation à retenir le soir tous ceux et toutes celles qui avaient fait trop de fautes à la dictée ou qui avaient mal répondu au tableau. Il ne manquait pas alors d'interrompre son travail dans la pièce voisine pour voir où en étaient « les punis ».

Pour peu qu'il y ait une longue déclaration de mise à l'alambic à remplir, les visites pouvaient être bien espacées. Rien qu'à voir à quelle heure les uns et les autres quittaient l'école, il y avait quinze familles dans le bourg pour établir le classement des élèves !

Tout, dans le comportement du couple, avec les parents comme avec les élèves, marquait la distance nécessaire au respect réciproque. Otant soigneusement sa blouse grise avant toute sortie dans le bourg, portant col dur et cravate à épingle, « Monsieur » pouvait, en soulevant son chapeau de feutre beige, donner à tous ceux qu'il rencontrait les même marques de considération, sans se compromettre dans des relations plus familières qui l'eussent immanquablement fait classer dans un groupe, dans un clan ou simplement dans un particularisme quelconque. Cette distance soigneusement entretenue, mais qui n'était jamais méprisante, était particulièrement sensible dans ses relations avec le curé. Lorsqu'ils venaient à se croiser dans la rue, faute d'avoir pu s'éviter, l'un soulevant son chapeau et l'autre sa barrette à pompon noir, ils se saluaient d'une simple inclinaison de tête, sans mot dire, avec l'espèce de raideur qu'ont les marionnettes. Pleinement conscients l'un et l'autre de la puissance contenue qu'ils incarnaient, chacun marquait avec autant de dignité que de fermeté le territoire dont il avait reçu la charge, sans haine, mais sans esprit de recul possible.

Jamais un mot à l'école sur la religion, sur ses dieux ni sur ses prêtres, mais il n'était pas question de laisser sortir en pleine classe un enfant de chœur qui devait aller servir une messe d'enterrement sans une demande écrite expressément renouvelée à chaque fois. Le problème manqué serait fait en retenue après l'école.

Quant aux élèves mangeant à la cantine et qui devaient aller suivre le catéchisme à l'église pendant l'interclasse de midi, ils avaient été prévenus une fois pour toutes d'avoir à laisser ce livre dans le corridor et de ne jamais lui faire franchir la porte de la classe. De son côté, le curé gardait pour lui, dans un sourire vague, ce qu'il lui arrivait de penser de ce redoutable adversaire ; car c'en était un, redoutablement subtil et efficace. Il n'était que de voir s'étioler l'effectif de l'école libre des filles, dans un pays où la caution d'une instruction religieuse était pourtant un gage de considération et de réussite à l'heure où les maris font leur choix. Dans un pays où toute la vie sociale ramenait nécessairement à l'église, il avait été possible de faire de l'école un foyer d'attraction tout aussi puissant. L'organisation de deux grandes fêtes laïques, judicieusement placées l'une à Noël, l'autre au quatorze juillet, en fournissait le moyen. Le choix de cette dernière date n'avait certes rien d'étonnant ni d'exceptionnel ; encore fallait-il savoir, à partir de ce qui restait le fondement républicain de la fête, élever la célébration du savoir scolaire à la hauteur d'une fête vraiment collective. Le quatorze juillet marquait en effet la fin de l'année scolaire, et c'était le jour de la très officielle distribution des prix. Depuis une dizaine de jours, la préparation du spectacle que nous devions présenter se faisait dans la fébrilité ; le cadre du travail scolaire lui-même était bouleversé : la cloison de bois séparant la classe de « Monsieur » de celle de « Madame » avait été abattue, et l'on avait monté une estrade dans le fond de la première. Un lieu entièrement nouveau en était né. Les horaires étaient naturellement changés et nous connaissions le plaisir rare de jouer et de rire librement sur les lieux mêmes du travail. La maîtresse poussait le luxe jusqu'à placer dans la cour l'extraordinaire meuble du jeu de la grenouille qui appartenait à son fils. Ce jeu, que nous apercevions parfois en passant dans la rue le jeudi représentait à nos yeux le comble du luxe et du raffinement. Et voilà que nous pouvions, le palet de fonte à la main, viser la gueule béante de la grenouille – mille points – ou les ailes du moulin : cinq cents points !

Entre deux parties, il fallait tout de même répéter les chants ou les rôles que nous devions tenir, et l'on retrouvait alors pour un moment toute l'exigence de « Monsieur » et « Madame ». On pouvait tout aussi bien se faire tirer l'oreille pour une réplique oubliée ici que pour une erreur de calcul mental en classe. Enfin, le grand jour arrivait, tout le village serré sur les bancs de bois devant l'estrade. Les bons élèves, comme leurs parents, attendaient la fin du spectacle avec une impatience teintée d'inquiétude ; les autres n'étaient que trop heureux de faire paraître un talent insoupçonné qui aurait peut-être une chance d'éclipser tout à l'heure un résultat scolaire trop modeste.

Sagement assis au premier rang, les membres du conseil municipal, dont c'était la seule apparition publique de l'année, assistaient le maire, mais depuis un an ou deux, l'attention générale se portait sur un couple de gens aussi importants qu'excentriques. L'homme, aux cheveux grisonnants, était petit et mis sans recherche, tandis que la femme rayonnait d'une outrance jamais vue. Secouant une forte crinière rousse, elle montrait, sans être belle du tout, un sourire éclatant noyé dans le rouge écarlate, mais plus que tout, on voyait ses jambes ; maigres et légèrement arquées, elles étaient immenses, vêtues en toute saison d'un pantalon de cheval et serrées jusqu'au genou dans des bottes à lacet qui soulignaient encore leur maigreur. On les appelait Monsieur et Madame A... un grand nom de la joaillerie parisienne et ils avaient acheté le château le plus proche du bourg où ils venaient depuis Paris passer chaque fin de semaine. Ils se déplaçaient dans une immense voiture noire, d'une forme totalement nouvelle, que conduisait un chauffeur à casquette. On avait vite su que cette automobile était une Chrysler. Depuis, sa silhouette amincie en bec de canard aux deux extrémités envahissait nos ardoises et nos cahiers et l'adjectif « aérodynamique » était entré comme un mot magique dans notre vocabulaire courant. Certains avaient bien trouvé que la dame, avec son parler grasseyant, avait plutôt l'air d'une « poule », autre mot dont nous nous étions enrichis, mais finalement le village avait consenti au couple tout le respect que l'on doit aux grosses fortunes. Sans vraiment présider la distribution des prix, ils partageaient avec le maire, les conseillers ou le député, quand il était là, l'honneur de poser sur la tête des lauréats la couronne de laurier aux feuilles de métal doré, tout en leur remettant des piles plus ou moins hautes de livres rouges à tranche dorée. Depuis toujours, les meilleurs élèves recevaient en outre un livret de Caisse d'Epargne, mais maintenant la récompense était décuplée par la générosité des châtelains. Faute de pouvoir fréquenter l'église, ce que leur tenue eût suffi à leur interdire si même ils en avaient eu envie, le couple avait ainsi gagné, à travers la célébration du quatorze juillet, une légitimité qu'il n'avait certainement pas à Paris.

Le spectacle terminé, la fête se faisait moins solennelle. Une estrade avait été préparée sur la place de l'église où se déroulaient divers jeux pour les enfants, et d'abord le traditionnel concours de grimaces pour les garçons ; succès assuré évidemment, même si l'on y voyait peu d'innovations d'une année sur l'autre. Les organisateurs municipaux avaient essayé certaine année, et pour changer, de faire à l'intention des filles un concours de sourires, mais l'expérience, finalement peu convaincante, avait tourné court. Venait ensuite la course en sacs autour de l'église : rude épreuve celle-là, épuisante ; aussi étaitelle primée d'une pièce percée de cinq sous pour le premier, de deux sous pour le deuxième et d'un sou pour tous les autres, qu'ils aient terminé ou non le parcours ! Juste de quoi s'acheter un de ces « bamboulas » en réglisse dont nous étions fous. Le meilleur moyen de gagner gros était bien le jeu de la pièce qu'il fallait aller chercher avec les dents au fond d'une cuvette pleine de farine. Difficile mais ... rien que des pièces jaunes de dix sous et peut-être vingt sous : toute une soirée de pétards et de serpentins qu'on pourrait lancer dans les jambes des danseurs lors du bal le soir. Hélas, il y avait un grand risque de souiller gravement le joli costume de fête ; aussi les plus assidus, les plus persévérants étaient-ils des enfants mal vêtus, enfants de pauvres dont les parents ne diraient rien. Juste retour des choses, pourvu qu'ils aient le soin de dépenser leur gain avant que la pièce n'ait été détournée par la mère vers l'achat de quelque bouteille.

A côté de ce grand jour qui demeurait malgré tout solennel et tant soit peu guindé, la fête de Noël qu'annonçaient des affiches aux couleurs de l'arc-en-ciel était devenue la vraie fête de l'école laïque. Les distractions étaient rares pour les jeunes gens et cela avait été une trouvaille pour nos instituteurs de sonner dès la fin octobre le rappel des anciens élèves pour leur faire monter tout un spectacle.

Pièces de théâtre, sketches, monologues, chansons... n'étaient-ce pas autant d'occasions de vérifier qu'ils n'avaient rien perdu de leur aptitude à apprendre ou à réciter ? Occasion aussi de se rencontrer hors des familles, de se frôler, de créer des liens, des connivences que le travail de la terre n'aurait jamais fait naître ? Occasion aussi peut-être de montrer – qui sait ? – qu'on aurait pu faire autre chose... En tout cas, la fête était pour moi l'occasion d'une grande fierté : il était rare que le spectacle ne mette pas en scène un personnage de marin et ma grand-mère ressortait alors de sa malle l'uniforme de quartier-maître de mon père. Le béret à pompon rouge avec son bandeau « Chalutier Provence IV » obtenait toujours un grand succès, même s'il ne s'agissait pour la grande fille qui le porterait que de se mettre en condition de déclamer « Les pauvres gens » de Victor Hugo.

La quasi-totalité du village venait rire et s'émouvoir, retrouver ses enfants devenus grands. Quant aux plus jeunes, ils se rassemblaient à l'entr'acte autour d'un sapin de Noël pour cueillir les crottes en chocolat et l'orange empapillotée qui serait pour la plupart la seule de l'année. Quelques jours plus tard, nous irions chez le curé voir la projection de *Félix le chat*, mais ce n'était pas comparable.

VII

Ce n'est sans doute pas un hasard si le bourg s'est implanté, Dieu sait quand, au départ de la petite vallée, là où la rivière reprend source avant de s'ouvrir un plus large passage qui nous relie au monde vers le sud, entre les deux coteaux qui la bordent continûment.

On dit que les premières maisons se sont construites jadis tout auprès de la source, précisément, mais ce sont sans doute les brouillards frais du matin qui ont incité les autres à escalader progressivement le coteau qui fait face au Levant.

La nôtre, bien qu'elle ne soit retirée que de quelques mètres est fort heureusement située en contrebas et tourne ainsi le dos au bourg ; tout en étant suffisamment éloignée des sources d'humidité, elle appartient à la vallée. Le chant du coucou quand arrive Pâques, le cri matinal des faisans et le roucoulement ininterrompu des pigeons ramiers dans le bois qui borde notre horizon nous rendent celui-ci à la fois très proche et très lointain.

La petite propriété, bien enclose dans les murs de son cocon, n'a que deux voisins proches mais nous ne sommes mitoyens que par le dos et leurs jardins dominent nos bâtiments d'un aplomb de plusieurs mètres. On s'aperçoit, de loin, on se visite facilement mais on n'est pas autrement obligé de se parler ou de se voir. L'un, c'est le voisin Victor. L'autre, c'est le couple déjà âgé du Four à Ban, où je vais chaque jour chercher le litre de lait qu'Angèle tire devant moi de ses deux vaches. Le franchissement de l'échelle qui me fait passer d'un côté à l'autre du mur me donne l'impression agréable de changer d'univers car ils appartiennent totalement, l'un et l'autre, à la vie du bourg.

Mises à part deux ou trois très vieilles veuves que leur fille entretient tant bien que mal, il n'y a personne ici qui soit désœuvré ; chaque famille assure une fonction, fournit un service, parfois plusieurs ; chaque ferme, et il y en a beaucoup, éparpillées dans le bocage, perdues sur le plateau ou bien regroupées par petits pelotons dans la longue vallée, trouve au bourg de quoi satisfaire la totalité de ses nombreux besoins. Il y a deux maçons et leurs manœuvres, deux menuisiers, un charron, un bourrelier et un maréchal-ferrant, installés tous les deux au centre du bourg. Ce sont les artisans les plus importants, ceux qu'on vient supplier d'intervenir rapidement : un cheval déferré en pleine période de charroi ou de labour et c'est un attelage de deux ou quatre bêtes qu'il faut arrêter. Tôt le matin, bien avant la cloche de l'Angélus, on entend donc sonner le lourd marteau sur l'enclume. Des lopins de ferraille rougis à la forge, le maréchal a vite fait de façonner à grands coups un fer à la dimension exacte du pied du cheval. J'entendais parfaitement tous ces coups, tandis que, dans mon lit, le jeudi matin, je lisais *Histoire d'un crime, Les travailleurs de la mer*. J'étais resté longtemps intrigué par le fait que chaque coup était suivi comme en écho de deux ou trois coups plus faibles ; je n'en compris la raison que plus tard, un jour qu'en l'absence du patron et devenu fort à mon tour le commis me laissa forger un fer. Là, je vis bien qu'il est impossible d'arrêter le marteau tant il est lourd, sous peine de se briser le bras à moins que justement on ne laisse le mouvement s'épuiser de lui-même.

Hélas, le nouveau maréchal qui était jeune, plein d'imagination et curieux de tout acheta très vite un marteau-pilon électrique, et la musique s'en trouva changée. Cet appareil devint en peu de temps la curiosité qu'on venait voir de loin ; le spectacle de la forge en fut renouvelé mais, pour l'essentiel, il ne changea heureusement jamais, la pose du fer rouge sur le sabot qui dégageait à grand bruit une épaisse fumée et une atroce odeur de corne brûlée continua pendant des années de nous inspirer une délectable horreur.

Les autres artisans étaient beaucoup moins accueillants, hormis le boulanger qui m'autorisait parfois à assister à la cuisson du pain. J'avais été témoin du moment où lui aussi avait ouvert la porte au progrès en faisant installer un pétrin mécanique et un brûleur à mazout, ce qui avait plongé toutes les familles dans la consternation. Ce four, dont on voyait pendant un court instant la voûte blanchie par la chaleur à chaque fois qu'on enfournait une miche, jouait un rôle effrayant dans mes rêves car je m'y faisais régulièrement enfermer, de manière inexplicable.

Les hommes étant au travail, le bourg n'était occupé pendant la semaine que d'enfants et de ménagères. Certaines étaient très âgées et portaient encore la « gouline », bonnet plat en dentelle posé légèrement sur l'arrière de la tête et que retenaient deux rubans noués sous le menton.

C'étaient pour la plupart des laveuses ; rude métier que pratiquaient sept à huit professionnelles, habitant pour la plupart dans le bourg. Elles s'appelaient presque toutes Marie : Marie « Teignon », Marie « Marlou », Marie « Marcheux », autant de sobriquets bien ajustés mais qu'il ne faisait pas bon leur rappeler, ce que j'avais fait une fois en toute innocence en m'adressant à « Madame Marlou »... Depuis, je prenais soin de passer loin de sa porte, de peur de prendre un mauvais coup par derrière.

Les laveuses se retrouvaient tous les jours au lavoir communal construit sur la rivière, tout près de l'endroit où le Boulon resurgit après quatre ou cinq kilomètres de parcours souterrain. Chacune y descendait avec sa brouette contenant la lessiveuse de linge blanc qui avait bouilli une heure ou deux durant, car le travail des hommes est salissant et aucun ne se change plus d'une fois par semaine. Au lavoir, chacune retrouve sa boîte ouverte sur l'arrière et garnie de paille, dans laquelle il faut s'agenouiller pour frotter le linge au savon, le brosser sur la planche, le rincer dans la rivière et enfin le tordre avant de l'essorer à grands coups de battoir. Selon ma grand-mère, dont je roulais la brouette quand elle se rendait elle aussi au lavoir deux ou trois fois par mois, il n'y avait pas de travail plus éreintant, au vrai sens du terme. A force de plonger leurs mains dans l'eau glacée, elles ne sentaient plus le froid et gardaient toujours leurs manches retroussées ; leurs doigts rougis étaient boudinés, noueux, complètement déformés. La plupart devaient faire deux lessives par jour ; le linge blanc lavé en premier était remis dans la lessiveuse remplie d'eau claire dans laquelle fondait lentement une boule de bleu enveloppée d'un chiffon, et qui devait rendre le linge plus blanc. Après quoi, tout était mis à égoutter sur des tréteaux placés tout au long du lavoir.

L'effectif des laveuses varie chaque jour ; parmi les professionnelles, plusieurs se déplacent à jour fixe dans les châteaux ou dans certaines fermes dont la maîtresse a autre chose à faire, ou simplement les moyens de payer la corvée. Une lingère – il y en a deux au bourg – les y suivra deux à trois jours plus tard, pour repasser ; viendra ensuite la couturière ; mais celle-ci vient moins souvent car on a soin de mettre en attente tout le linge à raccommoder ; elle séjourne tant qu'il y a du travail, logée, nourrie. C'est dire qu'elle ne va que dans les bonnes maisons, mais Mademoiselle Odile, c'était son nom, une vieille fille distinguée, a le moyen de choisir ses clients. Elle a travaillé pendant de longues années dans un château et elle y a pris les bonnes manières qui consistent à ne jamais élever la voix et à exiger des autres qu'ils en fassent autant.

Les ménagères qui demeurent dans le bourg vont elles aussi faire leur lessive au lavoir et contribuent donc à ce grand brassage de nouvelles qui sont inévitablement mises en commun. Ce grand moment de fatigue partagée est aussi un grand moment de convivialité ; convivialité forcée elle aussi et, il faut bien le dire, redoutée car les laveuses ont en tout mauvaise réputation. Pour certaines, cela vient du désordre de leur maison : à force de laver le linge des autres, elles semblent inexplicablement négliger le leur dont elles font de grands tas par terre dans leur cuisine. Linge sale en attente de lessive, linge propre en attente de repassage, tout semble se confondre et les tas ne laissent aux occupants de la maison qu'un vague passage en direction de la table ou des chambres. Un proverbe en était né et quand je cherchais quelque jouet abandonné, ma grand-mère ne manquait pas de suggérer qu'il était sans doute rangé dans l'armoire à Marie Marcheux sur l'étagère du bas.

Toute fière qu'elle fût, et rare au lavoir, elle semblait redouter d'y aller : on ne faisait disait-elle, qu'y entendre dire du mal des gens ; quelques indices permettaient pourtant de savoir qu'elle non plus n'y restait pas silencieuse. Les nouvelles du bourg partaient en direction des fermes où elles étaient traduites et commentées en tête à tête avant de revenir avec un nouveau commentaire, enrichies des nouvelles de l'endroit ; le tout serait plongé une dernière fois dans l'eau du lavoir afin d'y être définitivement accrédité par la collectivité des femmes. Ainsi la vie de chacun devenait-elle celle de tous.

Ce mari, dont tout le monde disait que sa femme faisait des fausses couches trop fréquentes pour être naturelles, savait-il que ses fureurs amoureuses, ses colères, la pauvre soumission de l'épouse, tout était étalé là, autour d'un peu de linge souillé ? Il était peut-être heureux après tout qu'à force de fatigue et de privations, quelques laveuses aient fini par devenir réellement méchantes : elles pouvaient porter à elles seules toute la responsabilité de ce qui se colportait, redonnant à la communauté la bonne conscience qu'il lui fallait garder.

Les hommes ne participent à rien de tout cela ; lorsqu'ils viennent au bourg, c'est apparemment dans un but bien précis et immédiat : acheter le pain de la semaine, faire ferrer un cheval, reprendre un harnais réparé, faire une déclaration de récolte mais, bien que cela ne soit jamais dit, ils viennent aussi pour rencontrer des gens, pour parler, pour écouter. Quel que soit l'âge qu'ils ont.

L'église, si elle fut jamais ce lieu de rencontre, est bien trop cérémonieuse aujourd'hui, elle élève trop l'esprit pour se guérir du quotidien qui demeure ce qu'il y a de plus inquiétant dans la vie. L'église et le lavoir, c'est l'affaire des femmes. Leur besoin de sécurité, de convivialité, c'est au café que les hommes le vivent. On s'est serré la main, on a prononcé quelques mots sans importance et on s'est dirigé du même pas, d'un même sentiment vers l'un des cinq bistrots qui cernent la place du village. Le choix ne s'est pas fait au hasard ; chaque café a sa fonction, son âme. Le plus éloigné appartient au bureau de tabac ; la patronne qui vend des journaux est aussi épicière et son mari n'est jamais là : il répare les vélos et les motos dans son atelier de la rue Basse. Ils viennent tous deux de la région parisienne et leur café n'est pas très fréquenté. Si l'on y va, ce n'est qu'en été, lorsque les autres cafés sont pleins et qu'on n'a soif que d'une bière ou d'un demi panaché. Il y a un autre café-épicerie, tout près de l'église ; la famille y est de tradition très dévote et bien entendu cela opère une certaine sélection. Le troisième café est le plus ancien de tous ; d'ailleurs il est le seul à posséder un billard sur lequel jouaient déjà les conscrits d'avant quatorze. C'est pour donner une occupation à la bru qu'on lui a accolé une épicerie mais les deux clientèles n'ont rien de commun ; les clients du café sont des habitués et le manque de lumière, l'air un peu suranné du lieu n'attirent pas les soiffards ordinaires. Ici tout est ordonné, calme et même un peu endormi ; comme le patron. On peut parler sagement et raisonnablement si c'est ce qu'on cherche ; personne n'élève jamais la voix ; c'est là que vient mon grand-père. Le café en face, de l'autre côté de la place, est tout différent.

L'enseigne indique « café-perruquier » et c'est là que tous les hommes du village sans exception viennent se faire raser ou se faire couper les cheveux, ce qui fait marcher la vente des apéritifs. Elle serait peut-être moins active si l'on coiffait aussi les femmes car elles surveilleraient la consommation ; mais celles-ci sont encore fidèles à la mode des cheveux longs roulés en chignon. Il n'y en a qu'une ou deux qui portent les cheveux courts ou un indéfrisable : ce sont celles qui ont le moyen d'aller quand il faut à Vendôme en automobile et d'y passer une après-midi entière. Le cafetier ne travaille véritablement que le dimanche ; aussi, pendant le restant de la semaine, il se fait sabotier. Il vend des sabots ou des galoches achetées en gros, toujours de couleur noire et il en fabrique. Sabots de bois plein pour travailler dans les étables, sabots « à cossins », petites collerettes de cuir repoussé et décoré, plus douces au cou-de-pied et qu'on met plutôt le dimanche. La demande est forte et c'est pour cela qu'il emploie un compagnon.

Le seul café qui soit un vrai café, c'est le « café à Gatien » ; on l'appelle toujours ainsi bien que son propriétaire n'y soit que le dimanche, quand Renée, sa femme, serait trop débordée ; pendant la semaine il fait marcher son alambic. C'est qu'on en fait de la goutte ici ! Tout le marc des vignerons arrive charrette après charrette près du lavoir où Gatien s'est installé car il faut beaucoup d'eau.

Dans son café, les gens de toutes origines se mêlent plus facilement qu'ailleurs. Si le mot existait, on dirait que c'est un café populaire. Les jeunes et même les très jeunes qui, ailleurs, ne prendraient qu'une menthe à l'eau ou un demi panaché osent commander ici le « Guignolet-kirsch » ou le « Claquesin » qu'on leur sert sans commentaire. Comme les autres, ce café a un fonds de clientèle, fait d'habitués qui trouvent ici une espèce de prolongement de la maison familiale ; où l'on est seulement un peu plus libre, un peu plus certain d'être mieux compris que chez soi de ceux qui sont assis à votre table.

Le fait que chacun ait sa clientèle, sa culture, explique peut-être que la concurrence ne soit pas plus âpre entre les cinq cafés. Il existe, il est vrai, de subtils mécanismes de répartition du travail et des gains qui sont admis et connus de tous. Chacun, a commencer par les joueurs, respecte le « tour » qui va permettre à chaque établissement d'organiser son concours de manille ou de belote. Bizarrement, la « chouine », que l'on pratique dans les veillées familiales, ne fait pas l'objet d'un concours ; peut-être est-ce parce que ce jeu se prête mal aux échanges, aux connivences entre partenaires, chacun jouant ici pour lui seul contre tous les autres. Le tour existe aussi pour les mariages, dont le repas se fait souvent au café, la maison familiale étant généralement trop petite et trop dépourvue de vaisselle pour recevoir les quarante ou cinquante invités qui sont venus de partout. Le choix de la salle de banquet se fait alors en fonction de considérations complexes : il y a la dimension de la salle bien sûr, mais aussi les précédents qui font que l'on ira ou non chez celui-ci dès lors que telle autre famille y est allée avant vous ; il y a le voisinage et les relations plus ou moins bonnes que l'on a avec les habitués du café, leur tenue, leur opinions politiques ou religieuses.

Si les mariages n'offrent bien entendu que de très rares occasions de fête, on retrouve heureusement chaque année ce que l'on appelle fort justement « l'assemblée », fête de distractions païennes que vient couronner le bal, au moment de la Saint-Jean, comme une vieille réminiscence. Le bal, c'est d'abord une baraque bâchée qui s'est montée en deux jours sous le regard enthousiaste des gamins, le « parquet » ; celui-ci appartient à Sylvère, un gars du village qui n'a guère que cette ressource et qui va fournir lui-même la musique pendant deux jours avec son accordéon. Depuis que les baraques foraines se font plus nombreuses, et pressante la demande des jeunes gens, le maire a décidé qu'il y aurait une deuxième assemblée annuelle en octobre. L'initiative a fait sourire les plus âgés qui en parlent depuis comme de la « Saint-Rigolet », du nom du maire.

Mais tout cela n'est que plaisir de gamins ; la vraie fête de la communauté, c'est la Saint-Eloi, qui se tient avec ferveur le premier décembre. Curieusement, bien que Pierre soit le saint patron de la paroisse, c'est Eloi que sont allés chercher les artisans et les commerçants auxquels sont venus se joindre les agriculteurs ; comme ça tout le monde peut venir. D'ailleurs les femmes accompagnent souvent leurs hommes si bien qu'on se retrouve de cent à cent vingt à table. Avant le repas, on est allé à la messe, on a fait bénir la grande brioche et on a fait le tour des cafés pour distribuer le pain bénit. Pour le travail, il existe des cuisinières et des serveurs confirmés ; mon grand-père est l'un d'eux, car il a acquis une grande expérience lorsque, jardinier de château, il lui fallait changer de métier le dimanche pour servir les invités de « Madame » et seconder sa femme en cuisine. Il en a gardé une tenue complète qui ne sert qu'en ces occasions : chemise blanche à faux-col empesé qu'il ne peut ajuster seul à cause de ses gros doigts, gilet à boutons d'étoffe, pantalon rayé, souples bottines montantes à lacet et surtout, un magnifique tablier blanc à poche, coupé par son épouse sur le patron des tabliers bleus du quotidien. Le menu connaît lui aussi des constantes, comme l'entrée qui ne peut être qu'une « tête de viau » en vinaigrette et sûrement pas un de ces pâtés, rillettes ou andouille que chacun fabrique et dont on mange au moins deux fois par jour. Après quoi viennent les nombreux rôtis de volaille ou de bœuf dont la suite dépend de l'initiative du traiteur. Discrètement, ceux qui ne font pas partie de la fête passent devant la porte ouverte, sous prétexte de savoir à quelle heure tout sera fini. « Penses-tu, il est déjà quatre heures et ils n'en sont qu'à la salade. »

Depuis la guerre une autre tradition s'est installée, avec le banquet du onze novembre.

La grande guerre n'est-elle pas, autant que la politique, le principal sujet des conversations de ceux qui se retrouvent le dimanche au café, sans femme ? La guerre, il semble que tous les habitués du café l'aient faite ; en réalité, les combattants, ainsi qu'ils se nomment eux-mêmes, choisissent soigneusement de ne boire qu'entre eux, acceptant tout au plus quelqu'un de plus âgé, mais non celui qui avait été réformé. Pourtant, c'est toujours à propos de politique que la conversation s'engage. Pas la politique locale, non, les faits et gestes du maire n'appelant guère de commentaires et le nom du député qui habite le village voisin ne servant qu'à évoquer l'inimitable chapeau vert qui assure à Paris sa gloire auprès des chansonniers. La fusillade du six février trente-quatre a résonné jusqu'ici en échos passionnés. Il est assuré aussi qu'une cellule communiste vient de se monter. On ne sait pas trop qui elle rassemble ni où elle se réunit, ce qui engendre un lourd climat de suspicion et de crainte, notamment dans notre cour de récréation. Quant à mon père, il se vante haut et fort de faire partie des « Croix de Feu » dont il porte le bel insigne doré à tête de mort sur le revers de son veston noir les jours de fête ou de deuil. Il est le seul du village et ce n'est pas parce qu'il est fasciste : il n'aime pas Mussolini dont il répète que « c'est un César de carnaval » et encore moins Hitler, mais il en veut toujours à ces salauds de Russes qui ont fait la paix dans notre dos en dix-sept ; sur ce point, tout le monde est bien de son avis et d'ailleurs les dessins du *Pèlerin* auquel tous les bons paroissiens sont abonnés, montre que les bolcheviks avec leur drôle de casque à pointe en tissu sont armés d'un couteau entre les dents. Pour mon père, être Croix de Feu c'est aller le dimanche dans les grands meetings où ne se côtoient fraternellement que des anciens combattants, riches tanneurs, industriels et employés mélangés, où les discours sont toujours faits par un officier de réserve et où on se laisse volontiers persuader que si on avait fait à leur retour la place qui revenait aux combattants, la France ne serait pas dans la mouise. Il rappelle volontiers que Clémenceau, leur grand homme à tous, avait dit d'eux : « Ils ont des droits sur nous ! » ; mais on a oublié tout ça et aujourd'hui on est gouvernés par ces vendus du Front Populaire. L'unanimité ici se refait : « De quoi ? a-t-on jamais vu des ouvriers commander ? Est-ce que chez toi tu accepterais que ce soit tes charretiers qui fassent la loi ? » Être Croix de feu, c'est peut-être aussi une façon de dire qu'on ne se reconnaît pas pour un de ces ouvriers.

Dans la forme pourtant, la plupart sont moins catégoriques : ils trouvent que mon père est « trop fort dans ses idées », d'autant plus qu'il parle bien et beaucoup, ce qui les gêne car ils réfléchissent moins vite que lui « qui est instruit ». Au demeurant, au dernier verre de blanc, tout le monde sera d'accord parce qu'on aura retrouvé l'indicible révolte de ceux qui avaient cru sans hésiter, qu'ils se battaient pour la « der des der ». Il aura raconté une fois de plus comment, lors de la bataille des Dardanelles qu'il a faite sur un misérable chalutier armé d'un seul canon de soixante-quinze, il a vu flotter des centaines de corps après un torpillage. L'un d'eux était celui d'un nègre dont la peau avait été complètement blanchie par l'eau de mer. Tous savent que la guerre n'est faite que de détails comme celui-là. L'autre, le fidèle ami d'enfance, rappelle avec moins de bruit mais autant de colère comment, après avoir été blessé et enterré dans un trou d'obus, il a fait le mort pendant trois jours ; trois jours pendant lesquels il lui a fallu supporter sans crier et sans bouger les coups de pied que les soldats boches de la contre-attaque donnaient en passant dans sa jambe brisée pour s'assurer qu'il était bien mort. « Ah les cochons, ils m'en ont fait endurer... ! » La guerre c'est ça, des misères qu'on a vues, qu'on a vécues en pensant qu'on n'avait pas mérité de les supporter, quelque chose d'affreux, mais qu'il fallait faire quand même. Alors, que personne maintenant ne vienne nous ôter la gloire et le plaisir de l'avoir gagnée ! Parce qu'on avait bien mérité de la gagner et qu'on avait payé pour ça !

Ceux qui ne sont pas revenus continuent de faire partie de l'univers quotidien ; on rappelle leur dernière permission ou n'importe quel événement de la vie du village auquel ils ont pu être mêlés. On ne parle pas d'eux comme de héros, ou de mythes glorieux, on les connaissait trop ; ils ne sont que des copains qui ont eu moins de chance que ceux qui sont revenus et c'est de leur vie qu'on parle, pas de leur mort. C'est ce qui fait que la fête des anciens combattants est une vraie fête : non seulement elle n'oublie personne, mais il est légitime que les survivants célèbrent la chance qu'ils ont eue, qu'ils affirment le bonheur simple de manger, de boire et de rire ensemble.

Ils sont à ce point les fils de la guerre que, leur vie durant, toute évocation qu'ils feront de l'un d'eux se fera par une double référence, à son lieu de naissance et à l'année de son régiment : on dit « René de la Haie-Bergerie, de la classe quinze » ou bien « Georges de Gorgeat, de la classe onze ». Cela vient avant les surnoms pourtant distribués généreusement dans le pays.

Le café est-il en définitive autre chose qu'un lieu un peu privilégié où les hommes retrouvent le droit de redevenir des gamins ? Et puis, si c'est un lieu d'échange, de parole et de jeu, n'est-ce pas aussi le lieu où l'on revisite les rêves de l'enfance, où l'on mesure la profondeur des gouffres que la vie a ouverts ? A moins qu'on ne cherche à les y oublier. Comme ceux qui, partis pour faire ailleurs des études, ont eu un grand projet, encouragés par une mère trop ambitieuse, par un grand amour, et puis sont revenus ici, vaincus. Ici, où tout semble les protéger et où ils peuvent rire pendant des soirées entières en jouant à la manille, sans se soucier du repas qui les attend, de la femme ou de la mère qui se désole, et ils boivent. Du vin blanc, toujours du vin blanc. Ceux-là ne boivent pas seulement pour boire, comme ces malheureux que tout le monde connaît et qui boivent seuls dans leur cave. Pour un peu d'ailleurs, ce sont ces derniers qu'on plaindrait le plus : les autres n'avaient-ils pas eu tout pour réussir ? N'avait-on pas fait assez de sacrifices pour eux ? La communauté ne leur pardonne pas, étant partis, d'avoir échoué, et leurs rires, leurs déclarations sonnent souvent aussi faux que leurs promesses. Ce qui compte, c'est justement ce qu'ils gardent pour eux. Un de ces soirs d'hiver, on les retrouvera morts, comme Robert, le plus charmant de tous, pendus, à quelque anneau d'écurie ou à la poutre d'une grange, sans qu'ils aient laissé un mot, une explication.

Depuis longtemps, cette crainte me hante, pour mon père. Comme une grande vague qui s'éloigne régulièrement de la plage pour y revenir aussitôt, mes sentiments ne cessent jamais d'aller et venir entre l'amour et la tristesse, entre la tendresse et la colère. Depuis longtemps, j'ai appris à lire sur son visage dès que l'heure du repas dominical le ramène à la maison, la promesse d'un joyeux après-midi de pêche ou de champignons, ou bien le rictus de la défaite qui le mettra au lit tandis que je m'ennuierai, interminablement, en attendant son réveil qui de toute façon marquera que le dimanche est fini.

Depuis qu'une chute de vélo l'avait ramené un samedi soir avec un énorme pansement autour de la tête, le retour hebdomadaire était attendu dans l'angoisse. La grand-mère et le gamin attendaient dans le noir en mesurant le retard qu'annonçait la pendule ; bientôt, l'espoir, le doute même, ne seraient plus permis et ils restaient là, silencieux devant la machine à coudre depuis longtemps muette, tandis que l'ombre du grand-père qui soignait ses lapins, les bras chargés de foin, passait et repassait devant la fenêtre. Une fois c'est le patron lui-même qui était arrivé, un soir de semaine, sans qu'on l'attende. Le gamin le connaissait bien ; ils avaient récemment participé tous les trois à une grande fête religieuse dans un village des bords du Loir dont le curé était l'ami de ce patron. Le site dominé par un prestigieux château-fort que toute la région connaît est propre à réjouir le cœur et à purifier l'âme. La foule des fidèles avait serpenté en une immense procession autour du château, des maisons et des jardins pendant près de deux heures. Derrière toutes les bannières pieuses, précédées du Saint Sacrement en or brandi par l'ami en surplis de fête, tout le monde avait chanté très fort : « Je suis chrétien, voilà ma gloire, mon espérance et mon soutien, mon chant d'amour et de victoire, je suis chrétien, je suis chrétien. » Il y avait même des gens en étole blanche qui portaient la croix rouge des croisés de Jérusalem. Cela avait été un moment de bonheur et d'élévation immense, et le gamin, voyant son père chanter si fort lui aussi, avait sincèrement cru que la foi allait accomplir le miracle de lui ramener un père guéri ; mais ce soir la chanson avait changé et le patron aussi. D'abord, on avait fait passer l'enfant dans la pièce voisine où, après s'être tenu éloigné un moment de la porte, il s'en était petit à petit rapproché, de façon à mieux entendre. « Il n'a jamais un sou, il boit tout ce qu'il gagne ; il fait des dettes et la réputation de mon magasin en souffre. Ce n'est pas un méchant homme, il est même capable quand il n'a pas bu mais voilà, il lui en faut peu et alors, il ne sait plus ce qu'il dit. » La grand-mère avait approuvé : « Deux verres, il ne lui faut pas plus de deux verres ; il ne faudrait pas qu'il en rencontre d'autres comme lui parce qu'alors il se laisse entraîner. »

La conversation avait duré longtemps dans l'obscurité de la cuisine, et pour finir le patron s'était montré généreux : « Allez, je vais le garder, mais c'est bien pour vous et pas pour lui, vous pouvez lui dire. » Pendant le souper, personne n'avait rien dit ou presque. Le gamin pourtant aurait pu en dire des choses... Que le patron par exemple emmenait lui-même son employé dans la belle cave en tuf blanc qu'il possédait au bord du Loir ; et que là-bas le curé les rejoignait souvent pour des libations, des chants et des rires qui n'avaient plus rien de sacré. Son père lui avait tout raconté une fois mais à quoi bon ? Il savait aussi de la même façon que les deux hommes avaient jadis été élèves d'une même pension où le patron n'était qu'un cancre qui copiait les devoirs de son papa. Il lui fallait apprendre maintenant ce que valent l'amitié et la générosité des cancres qui gagnent de l'argent en faisant travailler les autres, et qu'il faut remercier. Ce qu'avait fait misérablement, humblement, le grand-père.

Il y avait eu le samedi suivant une scène terrible ; le grand-père avait-il attendu un nouvel « accident » pour libérer tout ce dont il souffrait d'ordinaire sans parler ? Rouge de colère, il avait au moins dit son mépris, à défaut de dire tout ce que peut-être son cœur portait : « T'as pas été élevé, t'as été nourri... » Le coupable n'avait pu que baisser la tête, humilié devant sa mère et devant son fils, unis dans le silence.

Depuis cette scène, il était convenu que j'aille le rejoindre au café chaque dimanche sitôt après la messe, dans l'espoir que ma présence éviterait les excès et les retards. Là, en écoutant attentivement tout ce qui se disait, je saisissais parfois une phrase qui découvrait un peu de ce que le père ne montrait pas à la maison : son attendrissement naïf devant les oiseaux qui, selon lui, se cachent pour mourir, son admiration pour Victor Hugo qui avait tenu à se faire transporter dans le corbillard des pauvres, et surtout une affection très inattendue envers les petites sœurs des pauvres qui avaient soigné sa femme mourante. Dans ces moments, je me rassurais de voir que sa main, contrairement à celle des vrais alcooliques, ne tremblait pas.

VIII

La grande affaire de l'été chaque année, c'était l'arrivée en vacances des Parisiens ; depuis longtemps en effet, plusieurs familles avaient choisi ce village pour y passer l'été et y demeuraient fidèles. Pour certains, chassés d'ici par la réussite professionnelle ou par le mariage, ce n'était qu'un retour à leurs origines. Avaient-ils convaincu ensuite voisins ou amis d'acquérir à leur tour une maison de vacances ? Le fait est qu'ils étaient presque tous curieusement regroupés dans la rue Basse, près de l'eau. Les habitants du bourg étaient contents dès qu'arrivait Pâques, de voir s'ouvrir les volets et s'animer les jardins de ces maisons dans une fureur de nettoyage qui annonçait la belle saison. Chacun de ces Parisiens avait fait choix d'une famille dans le village qui se chargeait en leur absence d'ouvrir les fenêtres pour aérer de temps à autre et de donner quelques nouvelles du pays au cours de l'hiver ; correspondants plutôt que véritables amis, mais qui prenaient leurs responsabilités très au sérieux, ce qui n'allait pas sans quelque jalousie, chacun trouvant à ses propres Parisiens plus de qualités et de mérites qu'à tous les autres.

C'était là chose bien établie en tout cas pour mes grands-parents vis-à-vis de cette femme déjà âgée, veuve d'un officier mort à la guerre, dont les exigences et le caractère autoritaire n'auraient sans doute pas pu s'accommoder de quelqu'un qui n'aurait pas mis comme eux la rigueur et l'honnêteté qu'ils mettaient en tout. C'est d'ailleurs à elle que je devais d'être approvisionné à longueur d'année en journaux et albums illustrés dont l'existence même me serait autrement restée inconnue ; et je devais à son fils cadet, docile célibataire, d'avoir régulièrement la permission de partir jusqu'à la baignade du Loir, perché à l'arrière de sa moto ; il m'avait appris à nager mais cela n'aurait su se répéter tous les jours : l'oisiveté des enfants n'était pas de mise durant les vacances et ils étaient tous tenus de s'associer aux travaux du père, qu'il soit maçon, boucher ou cultivateur. Pour moi, la tâche était restée simple pendant longtemps : il ne s'agissait que de cueillir les légumes que les ménagères venaient commander, et elle devenait franchement agréable dès lors qu'il me fallait partir, un panier à chaque bras, pour livrer d'un coin à l'autre du bourg tomates, concombres, salades et haricots verts. Non seulement ce travail me donnait de l'importance et me fournissait l'occasion, toujours intéressante, de pénétrer dans l'intimité des maisons, mais il me permettait de flâner et de jouir sans crainte et sans risque d'un espace soudain sans limites.

Un jour sur deux, mes matinées étaient consacrées au remplissage du grand bassin construit sur la colline qui dominait le jardin et grâce auquel l'eau d'arrosage pouvait être utilisée sous pression. La pompe était actionnée par un grand bras au bout duquel était attelée Ginette l'ânesse. Son travail était de tourner sans relâche autour de ce bras ; le mien était de veiller à ce qu'elle reprenne sa marche sans retard quand, d'aventure, elle décidait de s'arrêter ; or elle s'arrêtait souvent, à chaque fois qu'elle pensait pouvoir le faire impunément. Bien qu'elle eût les yeux bandés, elle avait un sens aigu de la présence ou l'absence du gardien, et elle savait où s'arrêter : devant le grand noyer qui lui fournissait, outre son ombre bienvenue, un excellent écran aux regards du vieux jardinier. Ma tâche n'était pas pénible ; il ne s'agissait que d'être là ; certes je ne pouvais pas m'échapper, mais j'avais toute latitude pour cueillir les dernières fraises du coteau, les premières poires des espaliers ou les raisins des treilles qui garnissaient en alternance tout le mur d'enceinte.

Je passais mes matinées vautré dans l'herbe, la badine à portée de main et le nez sur l'album de bandes dessinées où je relisais inlassablement le récit des formidables aventures de Fanfan et Jolibois. Le lieutenant aviateur Jolibois avait été « descendu » dès le début de la guerre mais, vite muni d'une jambe de bois par les merveilleux chirurgiens de l'arrière, il avait pu reprendre les commandes d'un avion de chasse : un biplan. Depuis, il volait en compagnie d'un jeune observateur qui avait dû tromper tout le monde, et d'abord sa pauvre veuve de mère, pour pouvoir s'engager avant d'avoir l'âge requis. Si Fanfan était un modèle d'enthousiasme, il demeurait sage et réfléchi tandis que Jolibois exprimait, bien que plus âgé, toute la gouaille du vrai Parisien ; il savait garder le mot pour rire dans toutes les situations, même lorsqu'ils avaient manqué être fusillés comme espions après que leur avion eut été abattu derrière les lignes allemandes. Malins, ils en avaient ramené les plans secrets de l'offensive de la Marne mais hélas, que d'incrédulité, que d'insupportable méfiance ils avaient dû surmonter au sein même de l'état-major français avant de parvenir jusqu'au maréchal Foch qui leur devrait pourtant sa grande victoire ! L'auteur du feuilleton était intarissable et convaincant : il savait faire regretter au lecteur le temps heureux de la grande guerre, quand il était si intéressant et si facile de devenir un héros !

Tout cela s'était concrétisé de la meilleure façon l'été précédent, lorsque les volets fermés depuis des années d'une petite maison proche du cimetière s'étaient soudain ouverts. L'éloignement empêchait ses propriétaires de venir plus souvent en vacances : ils habitaient Verdun et ils avaient un fils de mon âge. Il n'avait pas fallu beaucoup de livraisons de tomates pour que nous devenions inséparables. Il m'avait d'abord invité à une sorte de jeu de gendarmes et voleurs dans lequel les figurines qui se déplaçaient sur l'échiquier représentaient les principaux acteurs de deux armées adverses ; au sein de chacune d'elles se trouvait un pion sans figure, sorte de joker qui avait tous les droits et qui s'appelait « Spy », l'espion. Ce garçon était à lui seul Fanfan et Jolibois, et il parlait du Fort de Vaux, de Douaumont ou de Fleury comme de lieux très familiers. Cela me ramenait à une hantise ancienne et toujours inassouvie qui était de posséder une mitrailleuse pour tuer les ennemis que justement, du haut de ma colline, je voyais se faufiler entre les rangées de légumes du jardin. Grâce à lui, je pus enfin confectionner quelque chose d'un peu ressemblant où le trépied démontable comptait beaucoup ; je le prenais sous mon bras quand c'était mon tour de monter à l'assaut de la colline, coiffé du fameux calot orné d'un galon doré de sous-lieutenant que j'étais alors bien heureux de trouver.

Je partageais avec ce garçon, venu des champs de bataille, le même idéal qui était de gagner la prochaine guerre comme avaient fait son père et le mien. Malheureusement, j'étais moins avancé que lui qui était déjà en sixième et bien parti pour entrer à Polytechnique dont il parlait en toute occasion. Je n'avais pas tant d'ambition et, pour l'heure, l'autre passion de mes journées c'était le Tour de France. Chaque jour, pendant la période chaude, mes grands-parents faisaient « la mariennée », comme tout le monde ; le maître nous ayant expliqué que c'était là une déformation du vieux mot de « méridienne » ou mi-journée, j'en avais tiré une fois argument pour répondre avec quelque hauteur à un Parisien, qu'ici on ne parlait pas un patois mais seulement un français déformé ; et j'avais bien fait rire de moi. Bref, mes grands-parents faisaient la sieste, et le voisin Victor aussi. J'en profitais pour franchir le mur qui séparait notre jardin du sien et me glisser sans bruit dans sa cuisine où je pouvais décacheter le journal auquel il était abonné. J'y trouvais le résultat et les commentaires tout frais de l'étape courue la veille, dont je connaissais tout de même le nom du vainqueur par le fils de l'autre voisin qui possédait, lui, un poste de T.S.F. Je n'ignorais rien des sprints victorieux de Leducq, de l'obstination laborieuse d'Archambaud et surtout de la gloire de celui qu'entre tous j'avais choisi d'aimer : Antonin Magne !

Je n'avais plus qu'à nourrir mes rêveries de longues échappées solitaires, un boyau enroulé en huit autour des épaules, avant de triompher devant la foule au premier rang de laquelle se trouvait celle que j'aimais plus que tout et qui serait ainsi bien obligée de m'admirer et de m'aimer elle aussi. Je possédais déjà les lunettes de mica à bordure caoutchoutée, et même le vélo ; à force de m'en voir mourir d'envie, mon père avait fini par m'en offrir un, magnifique vélo de course avec jantes en bois et dérailleur. « C'est ton cadeau pour le certificat que tu passeras l'an prochain », avait-il dit. Ma joie hélas avait été tempérée de plusieurs façons ; d'abord, j'avais bien compris, d'une conversation que j'avais surprise, qu'il n'avait pas le premier sou du cadeau ; ensuite, celui-ci ne portait pas la marque prestigieuse d'un de mes champions, mais un nom tout à fait inconnu ; enfin, et c'était le pire, le vélo était trop grand pour moi de sorte qu'il avait fallu faire faire des cales en bois pour que je puisse atteindre les pédales. Cela avait bien fait ricaner mes camarades qui avaient trouvé là le moyen de calmer leur jalousie.

Déjà, il me fallait comprendre qu'en certaines occasions, l'aide au grand-père doit être plus qu'un amusement et que je suis devenu indispensable. Comme tout le monde dans le bourg, il doit produire un peu de foin « pour les bêtes » et un peu de grain pour les poules ; autant de petits lopins épars à la ceinture du bourg et que l'on n'a pas toujours les moyens de cultiver ou de faucher soi-même : il y faudrait un cheval, qui coûte trop cher, quand l'âne n'y suffirait pas. Plusieurs réseaux d'entraide unissent donc et séparent à la fois les gens du bourg autour de ceux qui possèdent un attelage. Les travaux de la fenaison me saisissent sitôt l'école terminée. Cela commence lorsqu'il faut aller seul, dans la chaleur de midi, retourner l'herbe du pré qui longe « la ligne » tandis que tout le village fait la sieste. Il est admis que ce travail, puisqu'il n'exige pas de force physique, est fait pour les enfants et pour les femmes mais je le ressens comme une punition. Il ne sera pas plus amusant le lendemain de charger la charrette avec d'énormes fourchées brandies à bout de bras tandis que les insidieuses brindilles se faufilent entre peau et chemise sans qu'on puisse même prendre le temps de les retirer ou de s'essuyer. Victor qui conduit et qui charge la charrette est pressé d'en finir car c'est sa propre récolte que nous devrons ensuite engranger avant que l'orage éclate. Il me reviendra à ce moment-là de tasser sous le hangar les fourchées ressorties une à une, comme elles ont été mises ; ça aussi c'est un travail pour les enfants, puisqu'il ne s'agit que de danser sur de l'herbe sèche ! Mais sous le toit d'ardoises brûlant, loin du vasistas, l'air est rare et l'odeur entêtante du foin mêlé de poussière rend la respiration plus difficile. Heureusement, après l'effort, « Not' Maît' », généreux pour une fois, saura remplir mon verre de cidre frais, deux fois s'il le faut, comme les deux autres.

La moisson pose de tout autres difficultés au petit paysan, mais sans fatigue cette fois pour le gamin. Comme tous ses voisins, mon grand-père sait à peu près lier la javelle tombée de la faucheuse avec une poignée de paille tordue du bout des doigts et vivement serrée sous le genou à l'endroit du nœud, mais sa récolte est petite, dérisoire même et la machine à battre ne saurait se déplacer pour si peu. Il faut alors se regrouper, et demander asile pour un mois ou deux à l'une des deux fermes du bourg qui prêtera un coin de hangar pour abriter la récolte ou bien le petit pâtis sur lequel on va poser la meule, si toutefois on a de quoi en construire une ; mais justement c'est possible en rassemblant plusieurs petites récoltes. Belle opération que parfois même le maître des lieux ne sait pas bien réussir ; il préfère alors faire appel à quelqu'un qui a longtemps travaillé dans les grandes fermes car il n'y a que là qu'on peut apprendre. Il faut que la meule soit belle, comme le toit des ruches, et qu'elle ne penche pas car on serait la risée de tous ceux qui passent. Il faut surtout que les gerbes soient suffisamment serrées à la fois entre elles et entre les rangées pour que la partie exposée au dehors puisse recevoir la pluie sans la laisser pénétrer à l'intérieur de la bauge ; sans compter qu'une bauge bien tassée est aussi celle qui reste bien verticale.

Pour nous en tout cas, c'est facile : nous rentrons chaque année les gerbes avec Victor, le voisin, pour profiter de son attelage ; les siennes d'abord, les nôtres après, toujours dans le même ordre et puis on réunit le tout chez notre deuxième voisin, celui du Four à Ban. Bien que ce ne soit qu'une petite ferme, il a un peu plus de gerbes que nous, « une petite journée de battage » ; ajoutée à la grosse demi-journée de Victor et aux trois ou quatre heures que nous avons, cela fera un peu moins de deux journées, ce qui arrange bien tout le monde et d'abord l'entrepreneur ; en effet, au soir du deuxième jour, il aura le temps de partir et d'aller « caler » chez le prochain client avant la tombée de la nuit. Comme ça, le travail pourra recommencer le lendemain dès le lever du soleil ; le gros ronron de la batteuse réveillera tout le monde dans le bourg sans que personne ait perdu de temps, à commencer par « les gars de batterie » qui suivent la machine et qui sont payés à l'heure, au quart d'heure près. Ce sont généralement, à part le chauffeur et le mécanicien, des hommes sans emploi fixe, donc bons à rien par principe, sans un sou d'avance et qui n'attendent que le dimanche pour se saoûler. Certains n'ont même pas de domicile et demandent à coucher dans la grange le soir mais les patrons n'aiment pas ça à cause du feu et refusent souvent. On les prend comme ils sont, parce qu'on ne peut pas faire autrement, mais au moins faut-il qu'ils soient forts comme des Turcs et jamais fatigués. Personne pourtant ne pourrait tenir le coup comme ils font ; d'ailleurs, le patron préfère avoir son équipe, toujours la même. Lui, il ne travaille pas mais il se doit de visiter chaque jour chacune de ses cinq machines, là où elles sont : l'œil du maître ; par ailleurs, il doit passer chez tous les clients à venir pour organiser les tournées de manière à ne pas trop les faire attendre tout en veillant à limiter les déplacements qui sont pour lui comme pour tout le monde un manque à gagner.

Pour le moment, tout le monde est content et demain ce sera la fête. La fête pour celui qui comptera ses sacs de grains, content d'avoir pu cette année encore mettre sa récolte à l'abri avant le mauvais temps ; la fête aussi pour les gamins du bourg qui viendront tous et qui passeront la journée à tourner autour du monstre à vapeur en attendant fiévreusement l'instant formidable où le chauffeur fera hurler le sifflet qu'on entend jusqu'à Galette quand le vent vient de galerne. Tous voudraient avoir eu au moins une fois le privilège de tirer aussi la poignée ; mais c'est impossible : le coup de sifflet ne peut être donné que lorsqu'il s'agit de commencer ou de cesser le travail. Pour ceux qui l'entendent dans le bourg, il dit que la récolte du voisin a été moins bonne ou meilleure que l'an dernier car on garde tout en mémoire et, lorsqu'il intervient en cours de journée, il indique à la ferme la plus proche qu'il faut se préparer à recevoir la machine dans moins de deux heures. Enfin, c'est la fête pour les gars qui suivent la batterie. Bien sûr, il y aura chez tous ces petits « paisans » davantage de chardons et surtout davantage de poussière que chez les gros fermiers qui prennent mieux soin de leurs cultures, et c'est bien normal. Mais au moins, ils savent qu'ici, comme dans la vallée, ils sont bien reçus ; qu'on leur donnera le meilleur cidre, et du bon vin, au choix, parce que la cave est toujours fraîche et qu'à table il y aura du bœuf bouilli, de la poule au riz, peut-être même de la tête de veau. Ils savent qu'ils échapperont jusqu'à l'automne au cochon salé, aux haricots secs et à la piquette que gardent pour eux les grandes fermes du plateau trois fois par jour, et ils en seront reconnaissants : la courroie qui saute sera remise en place plus vite, et les gerbes jetées plus vite.

Les travaux de la vigne que chacun fait seul offrent des moments de rencontre tout aussi forts que ceux du battage, mais bien plus subtils. Chacun, ici, ou presque produit son vin et chaque maison du bourg possède une parcelle de vigne à Vareilles, là-haut, où la vigne échappe aux brouillards et aux gelées de la vallée. Curieusement, la nôtre touche les parcelles de ceux qui sont nos voisins dans le bourg : Victor, ceux du Four à Ban, Achille l'ancien maréchal. A chaque saison, comme si un mystérieux appel était adressé en même temps à tous, les vignerons se retrouvent là-haut en même temps, au moment de la taille, des sulfatages ou de l'accolage, et d'une vigne à l'autre on se hèle, on se parle. Je crois bien que j'ai fait mon premier pas dans le monde des adultes le jour où j'ai réussi, après des années de maladresse, à torsader les trois brins de paille tirés de la ceinture pour attacher le jeune fouet de vigne sur son fil de fer. Chaque vigne possède sa cabane où on laisse les outils, où on met la bouteille au frais en été et sur la petite banquette en bois, j'y mange de délicieux goûters tirés d'un petit panier d'osier acheté tout exprès.

Vareilles est le seul endroit d'où la vue soit largement dégagée sur les alentours du village que je ne me lasse pas de reconnaître et de visiter du regard. Au Nord, d'où viennent les vents froids, c'est un relief confus où deux terroirs devenus incertains viennent s'achever et se confondre : d'un côté le plateau beauceron, de l'autre, le bocage du Perche. C'est là, dans ces vallons imprévisibles et secrets, où paissent des chevaux massifs et calmes, que se cachent les nombreux « châtiaux » comme celui-ci où les religieuses qui l'occupaient ont pu cacher, tout le temps de la Révolution, le curé de la paroisse, prêtre réfractaire. Ils changent souvent de propriétaire car l'acheteur parisien, trop vite charmé, n'a pas perçu que la terre en est pauvre, et le fermier malin.

L'un d'eux fait pourtant exception et appartient à la même famille depuis trois siècles ainsi qu'en atteste une plaque de cuivre placée sous la chaire de l'église ; elle rappelle que l'ancêtre était « coureur de vin bouché » du roi Louis XIV. Très pieux apparemment, il a obtenu la concession à vie du banc de fabrique où l'on coupe le pain bénit, à raison de trois livres de rente par an. Si la famille est la même, le nom pourtant a changé car c'est un devoir pour les hommes, fils, pères ou gendres, de se faire tuer à la guerre, ce qui explique les sentiments mélangés que ma grand-mère porte à Madame la Marquise. C'est là, dans les douves à l'eau stagnante, que mon père et moi nous jouissons du privilège de pêcher le dimanche des carpes et des tanches à l'odieux goût de vase, et dans ces bois que nous cherchons les cèpes, girolles et trompettes de la mort que personne d'autre que nous ne ramasse.

Le plus grand bonheur pourtant, quand on est à Vareilles, le plus grand voyage, c'est la vallée qui me les offre. Inlassablement, je suis la rivière du regard, à travers ses méandres folâtres que je connais tous. Je sais l'endroit exact où le Boulon cache chacun de ses moulins : moulin de Galette, le plus proche du bourg qui sera le dernier à arrêter sa roue, après la Libération, moulin de Chétiveau, si tendrement nommé, moulin de Courtozé, qui fut moulin de Seigneur, moulin du Lierre enfin, tout proche du Gué du Loir où notre rivière va se jeter après avoir léché les murs du vieux manoir de la Bonnaventure où survit le souvenir léger du bon roi Henri ; dans la vallée souriante et calme qui a vu naître Ronsard, autre riverain célèbre.

Parce que la vallée, lors des lourdes après-midi d'ennui est en été le chemin qui mène au seul plaisir accessible, celui de la baignade, je connais chacun de ses hameaux, chacun des tertres sous lesquels s'enfoncent les longues caves fermées d'un portail à claire-voie. C'est la vigne qui fait ici tout le labeur et toute la convivialité de ceux qui la travaillent sans en tirer un grand revenu. Car ici on boit son vin, et pas du cidre comme là-bas. On en boit même souvent trop. Malheur à celui, à l'étranger par exemple, qui n'a pas senti que derrière l'invite facile et chaleureuse du vigneron se cache une intention inavouable qui fera dire, des années plus tard, « Oh, celui-là, heureusement que son cheval connaissait le chemin pour le ramener... » ; ici le vin blanc aigrelet, s'il mûrit mal, suffit à réunir les hommes et à les rendre plus gais, plus généreux. On se marie entre voisins, entre familles amies, pas comme sur le plateau où l'on ne va chercher femme que pour réunir deux propriétés, ou ramener une dot. Pendant longtemps pourtant, les riches fermiers ont eu besoin de la vallée ; pour acheter du vin, ou pour faire leur grain, mais sans jamais la prendre au sérieux ce qui d'ailleurs ne gêne personne ici.

La période des vendanges rassemble tous les habitants du bourg à Vareilles, et même au-delà, car chacun fait venir sa parentèle ou ses amis pour que le travail se fasse plus vite. Les enfants de Victor et tous ses petits-enfants sont là : on ne les voit qu'en cette occasion et nous faisons nous-mêmes partie de cette famille. Nous irons plus tard leur rendre le temps chez eux ; ainsi les vendanges, c'est une saison tout entière. Mémère nous a appris à nous les gosses, car elle est aussi gourmande que nous, où se trouvent les quelques pieds de Chasselas ou d'Othello dont les gros grains ont un goût de framboise. A sa demande, tout ce que nous ne pouvons pas manger sur place doit être mis à part dans un panier pour faire le dessert à la maison. A force de goûter à tout, nous connaissons parfaitement l'emplacement et la valeur des différents cépages éparpillés dans la vigne. Le Pinot blanc fait du très bon vin blanc mais il est peu savoureux et mûrit mal ; le Pinot d'Aunis, qui est noir et dont on fait indifféremment du vin rouge ou du vin blanc, est sucré à plaisir ; nous mordons à pleines dents dans les grappes jusqu'à nous rendre malades, mais sans que personne ne nous dise rien. « Ça lave », disent les grands. Quant au Gros Noir, il est vraiment immangeable et il tache affreusement les doigts ; on dit que c'est lui qui donne sa couleur au vin qui autrement serait pâle et peu appétissant à boire.

Le retour au bourg que nous faisons dans les tombereaux entre les fûts ouverts pleins de raisin – de vieilles « busses » – ou bien assis à l'arrière en balançant ostensiblement nos jambes pendantes pour faire comme les vrais charretiers, est un grand moment d'orgueil. A la cave j'aurai le droit, vivement réclamé, de tourner la manivelle du fouloir dans lequel passera toute la récolte ; à dire vrai, le plaisir s'émousse assez vite car on se fatigue aussi bien à tourner à vide en attendant la prochaine fourchée, qu'à essayer de relancer la machine quand on a cru pouvoir s'arrêter pour souffler un peu. Mais au moins on a le sentiment d'être aussi utile que n'importe lequel des hommes qui sont là. D'ailleurs, j'aurai également le droit d'aider à pousser le long bras de fer du pressoir, dans un trajet semi-circulaire limité par le mur. A chaque fois qu'on revient, on entend les cliquets de fonte se soulever et retomber quatre ou cinq fois dans les trous du collier de serrage, sur deux notes de musique qui resteront dans notre tête pendant le nouveau tour de presse, un peu plus pénible à chaque fois. On marche au rythme des deux notes, l'un qui tire, l'autre qui pousse, tous deux face à face, homme et enfant égaux pour un moment. Le jus qui tombait goutte à goutte au début dans le bassin, coule bientôt à grand bruit et on partage alors la joie du vigneron. Bien entendu, je ne résiste pas au plaisir de goûter l'écœurante mais délicieuse « bernâche » malgré l'avertissement de Victor pour une fois souriant : « Tu le sais ben pourtant, que ça va te f... la chiasse ! »

IX

Un jour, le malheur arriva. C'était le dernier jour de classe avant les vacances d'été et la nouvelle n'avait filtré que le matin même. Comme chaque jour après l'école, « Monsieur », après avoir ôté sa blouse, nous conduisait en rangs jusqu'à la place de l'église où il ordonnerait la dispersion. Je balançais au bout de mon bras le joli cartable en cuir jaune que ma protectrice m'avait ramené de Paris la veille au soir, mais depuis quelques mètres, je marchais sur des vagues de larmes. Lorsque, comme tous les autres, j'ai ôté mon béret selon l'habitude pour dire « Au revoir Monsieur », aucun son ne put sortir de ma gorge. Je savais que jamais plus ce maître adoré ne me ferait la classe. Pourquoi avait-il demandé son changement ? Une des petites et simples nécessités de la vie sans doute, mais moi je vécus cela comme une sorte de trahison, comme une affreuse injustice qui m'était faite ; un deuil. Le cartable dont j'espérais le matin même tirer un peu de gloire, me fit soudain horreur et, pendant tout l'été, dans la chambre encombrée, il resta au pied de mon lit comme le rappel obstiné du sentiment qu'une vie heureuse avait pris fin et qu'il faudrait désormais tout craindre de l'avenir.

Un autre événement, non moins imprévu mais plus heureux, vint à point détourner pour un temps ma mélancolie naissante : une nouvelle famille de Parisiens venait de s'installer pour un mois dans le bourg. Locataires, ce qui était nouveau aussi. J'avais déjà oublié quand ils arrivèrent, l'échec d'un projet qui n'avait même pas été une déception. Cette année-là en effet, on parlait beaucoup de congés payés, de voyages à la mer et mon père avait parlé de m'emmener avec un groupe d'autres employés passer une semaine à Pornichet. Il n'avait fallu que quelques jours de récriminations amères de ma grand-mère pour que ce nom devienne pour moi plus que suspect, évoquant tous les risques de débauche et surtout de gaspillage d'argent. Comme d'habitude en effet, mon père n'en avait pas et il avait vite tourné la page. Par contre, j'avais déjà compris que la famille de Parisiens m'offrirait une source inépuisable de distractions dont je pourrais jouir sans aller bien loin.

Elle comptait deux grands garçons âgés d'au moins quinze ou seize ans qui entretenaient avec leur père des rapports de camaraderie tout à fait inhabituels dans ce pays ; ils semblaient en outre n'avoir d'autre intérêt dans la vie que le vélo, passion que la mère partageait avec ses trois hommes. Ils étaient arrivés avec quatre vélos flambant neufs, tous équipés de pneus ballon – une nouveauté – qui encombraient le couloir d'entrée de la petite maison. Dès que je les avais vus, j'avais décidé de devenir leur ami ; j'avais pris prétexte de leur demander leur avis sur mon coûteux vélo de course et très vite, j'avais étalé ma compétence ; cela m'avait permis de gagner en considération les deux ou trois ans qui autrement m'auraient manqué pour être pris au sérieux. Naturellement, la famille était vite devenue cliente du jardin et j'avais chaque matin une bonne occasion d'aller lui rendre une visite. Je trouvais généralement les deux fils et souvent le père en train de lire *l'Auto* ou *Le Miroir des Sports* qu'ils achetaient chaque matin ; l'après-midi, c'est avec eux que je passais le temps de la sieste, en attendant l'heure de la baignade, du croquet ou du tennis. C'étaient là les jeux habituels des autres Parisiens auxquels je n'avais pu jusqu'alors me mêler pour cause d'âge insuffisant. La protection de mes nouveaux amis qui avaient au contraire été vite recherchés, me permit enfin d'entrer dans le cénacle de ces grands qui avaient à la fois le droit et le temps de jouer toute la journée.

L'affabilité et le sérieux des parents avaient fini par enlever les dernières réticences de mes grands-parents et j'étais désormais libre tous les après-midi. La maison du bourg était devenue le lieu de rassemblement de tous les gamins et le sport était entré comme un grand coup de vent dans nos vies. C'était merveilleux de savoir que mes amis avaient pu voir courir au *Vél' d'Hiv'* tous les pistards qu'on voyait en photo sur le *Miroir* : Lacquehaye, « la grande carabine », Toto Gérardin le nouveau champion, et ils nous faisaient de surprenantes démonstrations de « sur place ». Cela dit, j'avais du répondant, moi aussi : est-ce que je n'allais pas chaque année en compagnie de mon père voir les coureurs de Paris-Tours passer à Vendôme par un beau dimanche de mai ? Moi aussi je connaissais Romain Maes ; j'avais même aperçu une fois mon idole, « Tonin », mais le peloton était passé vite et en fait je n'avais pas vu grand-chose.

Si j'avais assez d'imagination, mes deux grands amis étaient, quant à eux, de vrais réalisateurs. L'ennui les menaçait-il après deux semaines de vacances dans ce qu'ils appelaient « cette cambrousse » ? Le goût leur était-il venu d'exercer leur pouvoir sur une bande de gamins admiratifs et désœuvrés ? ou bien, avaient-ils gardé assez d'enfance pour se passionner au jeu ?

Ils décidèrent tout à coup que nous devions tous faire nous aussi nos jeux olympiques comme ceux qui se déroulaient depuis quelques jours à Berlin. Les prouesses de Jess Owens qui venait de gagner le cent mètres et le saut en longueur les avaient enflammés.

Ils nous fallait de toute urgence trouver un stade ; il n'y en avait aucun dans nos villages et celui de Vendôme était trop loin ; il ne restait donc qu'à en construire un. Le lieu fut vite trouvé et d'ailleurs il n'y avait pas le choix : il n'y avait qu'un seul pré, au long de la rivière, qui fût assez vaste. Nous nous y rendîmes en cohorte et sous la conduite de nos deux moniteurs enthousiastes, soigneusement alignés en file indienne, piétinant l'herbe avec conviction, nous entreprîmes de dessiner dans l'herbe à demi sèche de la pâture, un vaste ovale qui pouvait assez bien figurer celui d'un stade. Au bout de quelques jours, et après de longues heures de piétinement sous le soleil, l'herbe était assez brûlée pour que la piste se voie de loin.

Le marquage des distances, la pose des haies ou de la barre de saut en hauteur, tout cela ne posait aucune difficulté particulière ; la confection d'un disque de lancer fut par contre une opération mi-mécanique, mi-menuiserie des plus compliquées. Nous passâmes tout le mois d'août à nous découvrir des talents totalement insoupçonnés de sauteurs ou de relayeurs ; des faiblesses aussi, jusqu'à la honte. Comment ai je pu continuer par exemple de paraître devant ces entraîneurs idolâtrés après avoir aussi misérablement figuré dans la course cycliste sur route contre la montre ? Trente kilomètres à parcourir seul, sans spectacteurs, sans encouragements. Je n'avais jamais imaginé l'aventure du sport sous cet angle-là, non plus que la tristesse d'être battu par quelqu'un qui n'avait qu'un vieux vélo. N'était-ce pas inexplicable ?

Je crois bien que dans le sérieux qu'ils avaient apporté à leur entreprise, les deux grands ne nous firent grâce d'aucune épreuve, la lecture du *Miroir* et les compte-rendus de Berlin leur fournissant chaque jour l'idée de nouvelles propositions. Un trois mille mètres steeple dans ce village, non, personne n'avait jamais vu ça !

Hélas, tous les bonheurs se payent et le jour du retour à Paris de ma nouvelle famille me fit mesurer avec une force renouvelée le poids de la solitude, à quoi s'ajoutait l'appréhension, toute nouvelle pour moi, de la rentrée. Un nouveau couple d'instituteurs, beaucoup plus jeunes, avait remplacé « Monsieur » et « Madame », qui se croyait d'emblée obligé de prendre à peu près en tout le contre-pied de leurs prédécesseurs. L'homme, coiffé comme un chien fou, portait sa chemise à col ouvert sous sa blouse ; il boitait et n'avait rien de l'élégante distinction de notre ancien maître. Après nous avoir fait aligner par deux devant le perron de la mairie qui allait devenir, pour cause de surpopulation notre nouvelle salle de classe, il appela mon nom et, dès que j'eus levé la main, je l'entendis avec stupeur annoncer : « Toi, je t'aurai à l'œil » ! Je crus mourir sur l'instant et je sus aussitôt que je ne serais plus jamais l'écolier modèle, fier et heureux de la confiance de son maître. Plus tard, revenant inlassablement sur l'événement, je crus y déceler la trace du travail souterrain d'une laveuse qui faisait aussi le ménage de l'école et dont l'aînée des filles était ma rivale en classe mais rien, jamais, ne fut éclairci.

Le nouvel instituteur avait pourtant compris qu'il lui imcombait de me préparer au concours des Bourses de façon à ce que je puisse entrer à la fin de l'année au lycée. Cette idée était venue de l'autoritaire amie parisienne qui n'avait pas admis que mes grands-parents fassent la moindre objection. Quant à mon père il s'était borné à demander à cet homme déjà détesté la gratuité des cours qu'il me donnerait après la classe du soir.

L'effort de la préparation m'avait-il épuisé ? le succès de mai m'avait-il tourné la tête ou bien étais-je simplement trop content d'en avoir enfin terminé avec ces pénibles tête-à-tête ? Le fait est qu'en juin je ne fus reçu que deuxième du canton au certificat. Ce jour-là, je revis mon ancien maître, entouré de ses nouveaux élèves ; j'allai bêtement vers lui dans la cour après la proclamation des résultats, espérant, qui sait ? un mot de consolation, de pardon ou même de reproche, mais il resta muet, tout comme moi et nous nous quittâmes, déçus l'un et l'autre, pour ne plus jamais nous revoir, cette fois.

La rentrée au lycée fut celle de mon père qui n'avait pas vu le temps passer et les mœurs changer. De la redingote à boutons dorés aux sorties réduites à deux par mois, je n'évitai guère d'humiliations ni de ridicules avant les premières compositions. Etranger au lycée, je le devenais rapidement aussi dans le bourg lorsque j'y revenais, avec le même sentiment que naguère d'être toujours surveillé et d'avoir des comptes à rendre à toute une communauté peu portée à l'indulgence. Je ne pouvais pas ignorer que certains achetaient le journal en fin de mois pour s'assurer que je figurais bien au tableau d'honneur du lycée. Je ne voyais là que jalousie et méchanceté ; et puis comment expliquer à de trop vieux grands-parents qu'on ne comprend rien à la géométrie, ou qu'on ne peut plus au lycée se déplacer d'une classe à l'autre avec une bouteille d'encre et un porte-plume et qu'il est indispensable de posséder un stylo qu'il faut acheter ? Cette quête, qui ne devait jamais aboutir, me demanda plus d'efforts cette année-là que tout le reste ; je ne réussis qu'à constituer une foisonnante collection de stylos à plume rentrante sans plume, de plumes en verre qu'il fallait ajuster sur des montures disparates et de stylos à plume provisoire dont la caractéristique générale et constante était qu'ils fuyaient tous. Si le temps des journées s'écoulait lentement derrière les hautes grilles de l'internat, les années passaient vite et une nouvelle espèce de vacanciers était arrivée entre-temps dans le bourg. On avait appris un mot qui reviendrait souvent désormais dans les conversations, celui de « réfugié ».

Comment ces quelques familles d'espagnols avaient-elles pu trouver le chemin qui les avait amenées dans une campagne aussi ignorée ? Il avait fallu les loger rapidement en tout cas ; sur la paille des granges d'abord, puis dans des réduits provisoires ; enfin, ils s'étaient installés de façon plus durable et plus convenable dans des maisons inoccupées comme de vrais touristes.

Leur venue avait permis à mon père, que la maladie avait ramené pour un temps à la maison, de briller à nouveau dans le bourg où il était le seul à parler leur langue. Un peu étonné moi-même, j'étais admiratif de le voir s'exprimer avec autant d'aisance ; cela ne m'empêchait pas d'ailleurs de remarquer – « me parece que si » – certains tics de répétition qui échappent souvent à ceux qui ont appris la langue dans le pays, et non à l'école. Je n'ignorais pas qu'il avait passé les deux dernières années de la guerre à Madrid, mais sans bien savoir dans quelles circonstances il s'était retrouvé là après que son « rafiot » comme il disait, ait été torpillé.

Planqué ? sans doute. Intervention peut-être d'un grand nom de la marine originaire d'un village voisin et auquel on avait peut-être fait remarquer que la famille avait déjà donné un fils ? Ultime service rendu par l'aîné à son cadet... Comme toujours, celui-ci avait été gâté, passant ces deux ans dans ce qu'il appelait, avec un clin d'œil, un service de contre-espionnage. Il en était revenu avec onze valises – ma grand-mère citait souvent le chiffre – pleines de chemises, de beaux vêtements, de chaussures de luxe ; avec une raquette de tennis et un joli petit chien blanc tout frisé qu'il avait offert à sa mère. Fier encore de cette aventure, il se laissait aller maintenant devant moi à quelques confidences dont j'avais pu comprendre par exemple qu'il avait différé son retour autant qu'il l'avait pu, et puis qu'avant de retrouver la petite fiancée qui l'attendait depuis des années à Lorient, il avait tenu à rendre une amicale visite de reconnaissance, quelques semaines pas plus, à sa marraine de guerre.

Léger, et content de l'être, il avait sans doute trouvé dur ensuite de prendre un vrai travail, de mener la vie régulière d'un bon mari. Bien entendu, c'est à Paris qu'il avait d'abord voulu s'installer, pour faire fortune. Tour à tour crémier, cafetier, démarcheur, livreur, homme d'affaires, comptable, – « mais à chaque fois il a tout mangé » – se plaignait ma grand-mère, il avait fini par trouver un emploi stable de magasinier dans un atelier pompeusement intitulé « Les Forges d'Argenteuil ». Après tous ces naufrages, la jeune femme avait dû être contente de devenir l'amie de la femme du contremaître, qui la soutenait et dont le mari veillait à ce que son homme rentre à peu près sage tous les jours, avec une paye intacte. Rassurés, les grands-parents avaient avancé l'argent d'une petite maison. Argenteuil, la maison, ça je connaissais par mon souvenir ; mais les dettes, la fuite pour finir « et encore, disait Mémère je n'ai jamais dit à ton pauvre grand-père tout ce que j'ai payé, il aurait mis tout le monde à la porte ! », tout ça faisait beaucoup.

Ces confidences, qui ne la grandissaient guère non plus, me permettaient pourtant de dessiner un peu mieux les traits, si incertains autrement, d'une jeune femme qui ne connaîtrait jamais de la vie qu'une attente, sans savoir que c'était celle de la mort.

C'est cette année-là que mon père affirma son droit à faire à son tour le voyage en Normandie avec moi.

Je refis avec lui le voyage que j'avais fait quelques années plus tôt, avec les mêmes changements de train, les même visites aux cousins, le même séjour chez la tante, les mêmes promenades à la mer aussi, plus fréquentes même qu'avec le grand-père, mais le goût du bonheur n'était plus le même, ni celui de la découverte. J'avais la tête pleine des tout jeunes souvenirs du camp que j'avais fait au début de l'été dans les Vosges avec une troupe d'éclaireurs. Nous avions visité les champs de bataille, le Haut Koenigsbourg, le Mont Donon ; on était allés à Strasbourg et nous avions examiné à la jumelle avec une commune angoisse la ville allemande de l'autre côté du pont. Devant les vagues grises et froides de la Manche, sur l'immense plage déserte, je poursuis tout seul un long apprentissage de la mélancolie, tandis que l'Hymne à la Joie, appris au camp, n'en finit pas de rouler dans ma tête, une absolue tristesse.

X

En juin mille neuf cent quarante, la population du village s'est partagée en deux : ceux qui partaient, sans trop savoir pourquoi, et ceux qui restaient en sachant pourquoi. Mes grands-parents étaient de ceux-là. « Que veux-tu qu'ils nous fassent ? », avait objecté ma grand-mère à mon père qui tentait de la convaincre de partir. « Pour aller où ? et pour faire quoi ? » Comment partir d'ailleurs, sans automobile ? avec Ginette et sa minuscule voiture ? Il n'y avait là que du bon sens le plus simple, mais surtout en restant là, elle signifiait que c'était sa maison, sa terre, son pays et que tout cela devait rester sien. Sans en tirer vanité, elle saurait dire à leur retour ce qu'elle avait pensé de la folie de ceux qui étaient partis en laissant leur bétail derrière eux, sans soins. « On entendait jusqu'ici les vaches de Bellatour ou celles de Champ Rimbert qui meuglaient pour qu'on vienne les traire. » Heureusement, ils avaient été quelques vieux à aller soulager les pauvres bêtes qui souffraient aussi de la soif. « On vidait les seaux de lait sur place, dans le pré. » La première chose en tout cas que j'avais vue en rentrant dès la fin juin, c'est une vache morte dans le pré devant le jardin ; toute gonflée des gaz qui lui avaient mis le ventre en l'air, elle brandissait ridiculement ses quatre pattes vers le ciel. Mon grand-père avait bien essayé de leur porter de l'eau mais elles étaient nombreuses et il n'avait pu y suffire.

Les vieux n'ont pas dit grand-chose de leur inquiétude et du souci qu'ils s'étaient fait pour nous durant trois semaines, tandis que nous n'en finissions pas, quant à nous, de raconter notre exode. La fuite en Bretagne d'abord, puis la chevauchée lamentable jusqu'à la Roche-sur-Yon où nous avions vu enfin les colonnes allemandes nous rejoindre. Les Allemands occupent le château de la Roulière, tout près de chez nous, où Madame A... est restée, mais sans Monsieur A... dont on dit qu'il est peut-être parti en Amérique. Il fait chaud et à peine sommes-nous rentrés à la maison qu'une moto allemande et son side-car entrent dans la cour, à notre grande frayeur. Deux soldats casqués en descendent ; que veulent-ils ? Quelle attitude prendre ? Heureusement, ils se font très vite comprendre et fort civilement : il leur faut simplement quelques bouteilles de cidre bouché. Qui leur a dit que nous en avions et comment ont-ils trouvé notre maison pourtant bien retirée ? On se posera la question pendant quelque temps, après. Mon grand-père va à la cave d'où il ramène deux ou trois bouteilles ; il n'en a pas une grande réserve. L'un des deux sort son porte-monnaie et veut payer avec des pièces et des billets qu'on ne connaît pas ; autant refuser : que faire de ça ? Il offre alors une de ses cigarettes curieusement aplaties : elle sent le tabac d'Orient, un peu comme les « Woodbine » que les soldats anglais nous vendaient en cachette à la sortie du camp de Vendôme, il n'y a pas deux mois. Les deux boches, toujours souriants, se font bavards ; chacun se rassure après la peur et bientôt nous nous retrouvons un verre à la main. « Fini la guerre ! jamais plus la guerre ! » Naïvement, on ne cherche qu'à les croire. Au demeurant, la conversation n'est guère nourrie car mon allemand n'est pas meilleur que leur français. Quelques jours plus tard, le cantonnement du château est abandonné ; on dit que c'était la Gestapo. On ne reverra plus guère d'Allemands dans le bourg avant leur fuite en convois pressés vers le Nord, en août quarante quatre. Tout semble redevenu normal, comme avant ; mieux même, puisque la guerre est finie. Les familles qui avaient fait l'exode, comme on dira à partir de maintenant, sont revenues les unes après les autres, plus ou moins honteuses. Beaucoup n'étaient partis que parce qu'ils avaient entendu dire que leur voisin était déjà parti, ou sur le point de le faire ; ils avaient laissé les blés presque mûrs sur pied. Heureusement, ceux qui étaient partis au pas d'un cheval tirant un tombereau bourré de meubles et couvert de matelas n'avaient pas eu le temps d'aller bien loin ; les ponts sur la Loire étaient déjà coupés quand ils y étaient arrivés et ils avaient bien été obligés, pour leur bonheur, de rebrousser chemin. Tout le monde s'est vite remis au travail ; la moisson attendait.

L'Occupation, qui ne pèse pas encore dans nos têtes, ne pèse guère plus sur notre vie quotidienne. Il a quand même fallu apporter à la mairie tous les fusils de chasse, même le vieux fusil à broche dont je n'avais vu mon grand-père se servir qu'une seule fois : quarante moineaux d'un seul coup, qui s'étaient stupidement posés en rang d'oignons sur la crête du mur du jardin. Certains ont même cru devoir apporter le sabre de cuirassier qui faisait l'ornement de leur cuisine ; celui-là, aussi prudent mais plus malin, a préféré enterrer derrière sa grange les deux sabres et le casque à pointe abandonnés après le combat de soixante et onze. Bientôt, le maire, vieux socialiste rouge qui avait réussi à imposer une poigne républicaine pendant près de quarante ans, est interdit de fonction. Quant au curé, il s'est contenté jusqu'à maintenant de changer une fois de plus la formule du chant triomphal qui précède le *Ite missa est* et par laquelle on priait Dieu de soutenir la République : *Domine salvam fac Republicam...* Ma grand-mère n'est pas surprise, elle qui se souvient encore d'avoir chanté : *Domine salvam fac Imperator*. L'automne venu, on a bien dû aller retirer à la mairie les tickets de pain et de viande, mais cela a fait rire tout le monde : « On ne va tout de même pas manquer de pain ni de viande, ici ! » On donne les tickets, on ne les donne pas ; cela dépend des personnes qui attendent de se faire servir après vous. Plus tard, quand la boulangère ou la bouchère les exigeront à tout coup, ce ne sera que pour garnir une boîte à sucre en fer et pouvoir les montrer, au cas où... Le rationnement du tabac et surtout l'impossibilité de trouver des pneus de bicyclette sont autrement plus gênants.

On sait naturellement qu'il y a une Kommandantur à Vendôme, avec une assez grosse garnison ; on sait aussi qu'« ils » ont enlevé la statue de Rochambeau, qui est d'ici, et celle de Denis Papin à Blois, en haut de son escalier. Mais tant qu'on ne les voit pas... et qu'on ne manque pas trop... !

Tout à coup cependant, notre famille, qui ne s'attendait à rien, est touchée de près. Le chauffeur de locomotive, le cousin, qui vit à Vendôme, avait marié peu avant la guerre sa fille unique et déjà âgée à un ouvrier d'une usine d'aviation de la région parisienne. Depuis la débâcle, celui-ci s'est recasé comme il a pu. « Un peu trop près des Allemands », a tout de même dit mon père. Et voilà qu'on apprend qu'il a été fusillé. Communiste, disent les affiches qu'on a placardées partout à Vendôme et sur lesquelles figure son nom en grosses lettres noires, sans risque d'erreur. C'est la première fois qu'on voit de telles affiches, et personne n'y comprend rien, pas plus sa femme d'ailleurs que ses beaux-parents qui montrent au moins autant d'étonnement que de douleur. Serait-ce pour le vieux pistolet rouillé qu'ils ont trouvé pendant la perquisition dans le tiroir de la table de nuit ? Ou bien militait-il clandestinement, infiltré pour le compte du Parti dans un bureau allemand ? Si l'on s'interroge, c'est en tout cas en silence et l'on commence à comprendre qu'il faudra se méfier de tout et de tout le monde.

Lorsque je quitte en fin de semaine la petite prison qu'est la pension du lycée, c'est pour trouver dans le bourg un air encore plus lourd qu'en ville. Nous du moins, on chante « En passant par la Lorraine » quand la promenade du jeudi croise une patrouille allemande ; on veille même à bien marcher au pas en les regardant dans les yeux. Ici, on ne se regarde plus tout à fait comme avant. Petit à petit, le prix du beurre va changer et devenir confidentiel, varier d'une ferme à l'autre selon celui qui achète ; on entendra des remarques sur ceux qui ne produisent rien et qui n'ont rien à échanger.

Une grande chape d'ennui est tombée sur le village ; d'ennui et de silence, et c'est en grande partie à cause des prisonniers. Il y a leur absence, bien sûr, mais ils étaient déjà absents quand la guerre a éclaté. Le pire, c'est sans doute de ne pas savoir où ils sont, ni quand ils rentreront. Pendant la première année, on les change sans cesse d'un camp à l'autre et personne ne comprend pourquoi. Leurs femmes regardent la carte d'Allemagne en tenant à la main la dernière lettre reçue et, entre elles, elles parlent de pays qui leur sont communs, mais dont elles ne savent rien ; cela a quelque chose d'irréel. « Ah si on nous avait dit ça... ! » Ces prisonniers occupent, politesse obligée, toutes les conversations ; il ne faut parler d'eux que d'un air contrit et il n'est question que de colis à faire, de colis envoyés, éventrés ou perdus. Mon père et quelques autres anciens de la guerre ne se privent pourtant pas de relativiser les choses quand ils sont entre eux au café. « C'est bien fait pour eux : ils ont foutu le camp comme des lapins ! » ; ce qu'ils n'avaient jamais fait, eux. Ils regrettent tous que Foch soit mort trop tôt, Poincaré aussi, et surtout Clémenceau. « Ah, il n'aurait jamais permis ça, lui ! » En fait, ils en veulent aux plus jeunes d'avoir fait moins bien qu'eux, ce qui rend leur victoire de naguère complètement inutile, dérisoire. Pétain ne les fait pas sortir d'une réserve méprisante ; Laval est vendu aux Allemands ; quant à Blum, Daladier, tous les autres en prison ? Bien fait. Mais ces ruades occasionnelles et maladroites ne font pas l'unanimité ; elles ne servent qu'à faire juger mon père encore plus mal, comme un original qui ne fait jamais rien comme tout le monde, et qui boit. L'hommage qu'il faut rendre aux prisonniers, en tout lieu, en toute occasion, est une garantie suffisante d'honnêteté et sert à elle seule de credo politique, au moins pour ceux qui parlent.

Les villages organisent tous des manifestations, des quêtes et surtout des fêtes « au profit des prisonniers ». Formule sacramentelle. Tout le monde a compris que c'est désormais le nouveau « Sésame », le seul moyen de créer une occasion de se détendre, ou de rire. Finis autrement, les assemblées de jadis, le quatorze juillet, le repas des combattants, la Saint-Eloi qui ne s'en relèvera jamais, et surtout, finis les bals ! Il est sous-entendu, mais bien clair, que danser serait manquer de respect aux prisonniers, nouvelles idoles auréolées du martyre de la défaite. Il y a pourtant des bals clandestins ; mais on n'est jamais très sûr de l'endroit, ni de l'heure ; d'ailleurs c'est très souvent un faux-bruit. De toute façon, moi, je n'y suis jamais invité parce qu'il y a longtemps déjà que je suis considéré comme un étranger ; pire, comme un étranger qui se croit d'ici. On me l'a fait sentir à coups de poings, il n'y a pas longtemps ; avant que je comprenne pourquoi, un cercle d'anciens copains d'école qui flânaient un dimanche après-midi sur la place de l'église s'était brutalement refermé sur moi. Le travail des champs les a fortifiés, et moi je n'ai pas appris au lycée à me défendre. Ils m'ont battu sans raison, sans explication, sans me dire un mot. Une fois pourtant, j'ai pu parvenir un dimanche soir dans un hameau éloigné jusqu'à une cave éclairée à la bougie où un accordéoniste faisait danser. Peut-on entrer ? Faut-il payer ? Etre connu ? Je tourne un peu dehors et c'est pour apercevoir dans la grange toute proche une grosse fille que je connais bien, allongée sur une table, les jambes ouvertes et la jupe retroussée ; tous les gars qui sont là attendent leur tour. Je suis vite parti en feignant de n'avoir rien vu. On ne me reprochera pas d'avoir trop parlé.

Depuis la fin de la guerre, mon père est définitivement rentré à la maison. La dernière fois qu'il a craché du sang, le docteur a dit : « Du repos, et pas d'excès ! d'aucune sorte ! » Il n'a donc pas cherché de nouvel emploi et s'est installé une fois de plus, tout naturellement. Il aide sa mère à faire la cuisine, les courses et il aide un peu au jardin son père dont les forces s'en vont visiblement. Il se sent indispensable tandis que je traîne mon oisiveté quand je viens le dimanche. Que faire ? Qui rencontrer ? À qui parler dans le bourg, où il n'y a plus personne ? Au travail, tous les anciens enfants de chœur, placés chez un patron, parfois très loin. A quoi bon enfin s'exposer à toutes ces questions faussement intéressées ? Que faisais-je depuis si longtemps, sans travailler ? « Des études ? Mais qu'est-ce que tu étudies donc tant que ça ? Et à quoi ça te sert tout ça ? t'en sais pas encore assez ? ». J'entendais aussi ce qui n'était pas dit : « Il fera tout comme son père ! » Il paraissait anormal, malsain, que je puisse être logé, nourri et instruit par surcroît sans que cela ne coûte rien à personne. Faute de savoir quoi répondre, je passais pour un « orgueilleux », l'orgueil ayant été de tout temps dans ce pays le seul péché reconnu comme vraiment capital, celui par lequel on se veut différent des autres. J'essayais pourtant sincèrement d'être, ne serait-ce qu'un peu, comme eux. Chaque été, lorsque la batteuse arrivait au Four à Ban, je m'arrangeais pour rester dans l'équipe et suivre la machine quelque temps, le temps qu'il fallait pour gagner l'argent d'un ou deux trimestres et de retrouver dans chaque ferme l'immuable remarque : « C'est plus dur, hein, que de tenir un crayon ! » Chaque année je retrouvais le même poste sur la bauge, à « approcher » les gerbes pour celui qui doit les jeter sur la machine à portée du coupeur qui va les délier. Faible effort physique certes, mais qu'il fallait répéter avec une régularité diabolique sans la moindre possibilité de relâchement ou de distraction. De là-haut, j'avais pourtant la possibilité d'observer le travail des autres qui m'impressionnait si fort jadis et je voyais bien maintenant que toute cette savante répartition des taches ne servait en réalité qu'à avantager les plus forts ; le portage des sacs de cent kilos de grain qu'il faut jeter en travers des épaules avant de gravir lentement la grosse échelle de bois qui mène au grenier est par exemple un travail bien plus reposant qu'on ne croirait : il suffit d'avoir appris à se retourner et à se jeter vivement sous le sac à la fin des deux ou trois balancements qu'on lui fait faire avec l'aide d'un autre porteur. De la même façon, si la collecte des énormes bottes de paille battue qui sortent à l'arrière de la machine et leur transport sous le hangar comme un énorme parapluie au bout de la fourche est un poste recherché, c'est parce qu'il est sans poussière et qu'il se fait lui aussi sur un rythme plus lent, qui fait paraître la journée moins longue. Est-ce une expérience, dites-moi, que cette fatigue qui laisse la tête vide et les jambes tremblantes quand on n'a même plus la force à la pause, de descendre boire un verre de cidre ? Quand on a été surpris à dormir debout, appuyé des deux mains sur la fourche plantée dans le sol par le fermier voisin venu en fin de journée faire son compte d'ouvriers pour le lendemain : « Toi, l'étudiant, tu viendras sûrement pas ? » et qu'on s'entend répondre : « Mais si, bien sûr ! »

Peu après la rentrée, un samedi soir, en rentrant du lycée, je suis entré dans la chambre de ma grand-mère pour la voir paralysée et muette : c'est une attaque d'hémiplégie. Tout le monde croit sa fin prochaine et son homme tout le premier. Dès lors, il abandonne la partie ; la vie l'a trop fatigué, elle lui a trop pris. Que lui restera-t-il si sa femme, à son tour... ?

Mon père fait bien ce qu'il peut, mais le carré qu'il a bêché pendant l'hiver est ridiculement petit et, avec le printemps qui arrive, l'herbe envahit tout ; il n'y aura aucun semis de printemps. Il est vrai qu'avec le ménage, la cuisine, les soins à la mère, les poules, les lapins et son petit tour quotidien dans le bourg, ses journées sont bien remplies. Et puis, il n'a jamais aimé les travaux du jardin ; il porte le tablier bleu de jardinier comme son père mais ce n'est qu'un signe de reconnaissance, ou de soumission, pas un outil de travail.

Maria pourtant se bat, comme d'habitude. A longueur de journée, de sa main restée valide, elle entraîne l'autre à reprendre vie ; petit à petit les doigts commencent à bouger et la parole revient, pâteuse et maladroite, mais avec un peu d'attention on comprend ce qu'elle dit. Pour le grand-père, c'est trop tard ; on le voit couler comme un navire qui s'échoue lentement devant le port. Il a cessé de vouloir vivre le jour où il a cru sa femme perdue. Il ne va pas plus loin que le petit talus où naguère s'appuyaient les châssis qui abritaient les chrysanthèmes en automne et les semis de tomates au printemps ; mais en ce mois de mars déjà tiède pourtant, tout est vide. Je passe mes dimanches assis à coté de lui et nous parlons. J'ai oublié sa dureté, ses colères, ses coups de badine et je parle, inlassablement, parce que je sens qu'il m'écoute. Il sait qu'il va mourir et il voit bien que je le sais aussi. Alors je me dépêche de tout dire ; mais quoi ? Que lui ai-je dit pendant ces quelques heures longues comme des années ? Sans doute que je savais tout ce que je lui devais, que je serais comme lui honnête et travailleur et qu'il pouvait partir en faisant confiance à cet autre Amand. Son silence ne signifie-t-il pas qu'il comprend ça, qu'il me croit ? Malgré la tristesse et ce qu'il fallait craindre, ce furent trois semaines de bonheur. Très vite, il a dû garder le lit, épuisé, tandis que la gangrène qui rongeait ses poumons l'étouffait un peu plus chaque jour. Oh ! l'odeur de cette chambre, ce visage osseux qui ne serait plus rasé de son vivant, cette bouche qui ne s'ouvrait plus que pour tousser et cracher. Mémère, tu avais raison, il n'aurait pas dû fumer autant !

Ce matin-là, je l'ai vu vivant pour la dernière fois ; avant de partir à vélo au lycée, je lui ai soulevé encore une fois la tête pour lui mettre un bol sous le menton afin qu'il puisse rejeter l'horrible crachat sans trop d'effort. Je suis allé vider le bol sur le tas de fumier et puis je suis allé embrasser ma grand-mère dont le fauteuil était tout près du lit ; pour lui dire au revoir. Comme je m'approchais, elle m'a demandé d'une voix redevenue claire qui m'a cloué sur place : « Est-ce que tu as une chemise blanche propre, au moins ? » Je suis tout de même parti, pour revenir quelques heures plus tard, juste avant la mise en bière. La pompe et la beauté des enterrements qui me bouleversaient naguère quand j'avais encore la foi et que j'avais envie de pleurer en écoutant *Dies irae, dies illa...* m'ont laissé presque indifférent cette fois. J'étais ailleurs, absent ; tout me parut insuffisant et donc superflu. Je me hâtai de retourner à mes études, avec la pesante conviction que, désormais, c'est moi qui avais la charge des deux êtres qui restaient là.

A chaque retour, j'occupais avec rage mon temps à remettre le jardin en état, à désherber et à bêcher, autant pour inciter mon père à réaliser les semis d'automne que pour retrouver une image qui me manquait infiniment, sans que je sache trop si c'était celle du bel ordonnancement du potager d'antan ou celle de mon enfance, trop évidemment finie. La tâche était bien là : aider mon père à guérir, à retrouver sa santé, à ne plus boire, enfin.

Depuis longtemps il était question qu'il quitte le pays, ce que j'acceptais d'autant mieux que je rejetais maintenant celui-ci de toutes mes forces, et qu'il me paraissait nécessaire qu'il échappe lui aussi à la fatalité que tout un village semblait faire peser sur nos épaules. D'un été à l'autre cependant, le projet se liquéfiait ou se tordait dans d'inextricables entrelacs. Pouvait-on réellement croire en un changement aussi radical ? Je me sentais tour à tour enthousiaste et responsable, puis découragé, et pour finir la lâcheté me gagnait. Plus que tout dorénavant, j'aimais le refuge que je trouvais au bord de la rivière.

Depuis toujours, en effet je pêchais.

J'avais commencé, tout jeune, par tendre des lignes de fond dans ce qu'on appelle « le grand corps », là où le Boulon se fait pour un moment plus ample et plus large et le courant moins rapide ; où de longues flammes vertes ondulent entre les grands roseaux, où le caillou se fait plus blanc et plus fin. Ce sont les frayères sur lesquelles on voit parfois passer, souple et nonchalante, l'ombre d'un monstre : une truite d'une livre ou plus pour laquelle on reviendra tout exprès au crépuscule placer avec amour et délicatesse le long ver trompeur au bout de ses quatre à cinq mètres de fil. Dans la crainte d'être devancé le lendemain matin, on se lève avant le jour pour s'en aller dans le brouillard glacé de la vallée vers l'émotion vingt ou trente fois renouvelée. Ici le poisson, plus malin, a mangé le ver et laissé l'hameçon tout nu : mauvais travail, ou bien le signe que l'on a eu affaire à des petites. Parfois, on ne retrouve rien : le repère sur la berge, trop bien caché, reste introuvable ; ligne perdue... Mais là, le fil est tendu à contre-courant et quand on le tire c'est le cœur qui palpite au bout des mains, au rythme du poisson qui se débat.

Plus tard, j'ai découvert d'autres combats. Entre les racines rouges de l'aulne qui vit à moitié dans l'eau s'ouvre un regard pour le braconnier allongé à plat ventre ; les yeux, dès qu'ils sont habitués à cette lumière de grotte, peuvent apercevoir la truite alanguie, confiante, qui palpite doucement des ouïes jusqu'à l'extrémité de la queue. On a tout le temps d'admirer et de désirer sa proie avant de saisir le bâton de noisetier au bout duquel est emmanchée la foëne à trois dents. Sans bruit, sans provoquer surtout le moindre frémissement de l'eau, il faut enfoncer l'arme entre les racines, pour amener le fer à un ou deux centimètres du dos de la truite ; ni trop près, ce qui la ferait fuir, ni trop loin, ce qui enlèverait de la force au moment de frapper car le coup doit d'emblée clouer le poisson sur son lit de pierres.

Maintenant, sans amis, sans maîtresse, mon amour de la rivière s'est fait encore plus secret, plus subtil aussi : je pêche à la sauterelle avec une canne à pêche comme tout le monde mais seulement la nuit, avant que la lune se lève. Je connais la rivière depuis assez longtemps pour savoir lancer ma ligne sans l'accrocher, dans la plus petite flaque entr'aperçue entre les branches. Seul, le petit sillage dessiné par l'appât à la surface de l'eau me sert de repère jusqu'à ce que l'attaque brutale et silencieuse de la truite fasse exploser dans mon poignet toute la tension de mes muscles, toute la force de mon attente.

Mon parcours est immuable : deux cents mètres à peine ; malgré toutes mes résolutions, je ne parviens jamais à aller plus loin ni à changer de lieu : un aller, puis un retour qui me ramène au lavoir, à la source. c'est d'ailleurs toujours suffisant pour faire provision de truites et parfois d'émotions. Ne me suis-je pas trouvé une fois face à un couple de soldats allemands qui venaient à ma rencontre, heureusement sur l'autre rive. Avais-je été dénoncé ou bien pêchaient-ils eux aussi ? J'ai fui en rampant jusqu'au bois voisin en perdant toute ma pêche dans le pré. Une autre rencontre mémorable avait été celle d'une loutre surprise tout près de la rive et qui avait eu aussi peur que moi. Ainsi donc, c'est elle qui abandonnait les restes de truites à demi dévorées que j'avais repérés ici et là depuis quelques semaines ? Personne encore n'avait signalé une telle présence dans la rivière. La fatigue, seule, et le sommeil pouvaient me décider à rentrer pour revivre encore une fois avant de m'endormir, tous ces moments qui n'étaient qu'à moi.

Une vieille plaie enfin était en train de guérir. Depuis quelques semaines, j'avais trouvé un excellent prétexte pour rendre visite à une de mes anciennes camarades d'école plus âgée de quelques années : elle étudiait à Paris et savait résoudre mes équations. Dix ans plus tôt, j'avais éprouvé pour elle un immense, un inexplicable coup de foudre. C'était en jouant avec de vieilles choses qui venaient de ma mère, et que je contemplais de temps en temps en cachette : une alliance, des boucles d'oreille, sa photo de mariage, rangées dans une petite boîte sans clé. Sans aucune raison apparente j'avais ressenti tout d'un coup un choc physique, un dur pincement au cœur qui s'était tout de suite transformé en un immense élan de tendresse et de douceur qui me portait tout entier vers cette grande fille brune, bâtie comme une femme déjà. Le trouble avait été si grand, si fort, que je n'avais pas pu le garder pour moi. Je lui avais donc aussitôt écrit :

« Je t'aime » puis quelques jours plus tard : « Aime moi comme je t'aime » ; bref, tout le discours amoureux mais ramené à l'essentiel. Bien entendu, je n'avais pas eu le courage de remettre moi-même les deux billets pliés en quatre et j'avais chargé Maurice, que je croyais être mon ami, de le faire. Aucun signe de la part de l'aimée n'était jamais venu me dire ce qu'elle avait pensé de ma déclaration, ni même qu'elle l'eût seulement reçue. En conséquence, j'avais pendant des années évité tout contact, tout dialogue dont la seule pensée me remplissait de terreur ; jusqu'à cet été où j'essayais de me guérir, que ce soit par la conquête ou par la fuite définitive. C'est un soldat allemand, venu à l'épicerie où nous nous trouvions tous les deux ensemble, qui résolut mon dilemme ; nous dévisageant l'un après l'autre, il lui demanda : « Bruder ? » Je compris alors qu'ayant les même cheveux noirs et le même teint hâlé, on pouvait en effet nous prendre pour frère et sœur. En m'éclairant un peu, même de façon insuffisante sur ma passion d'enfant, cela me mettait soudain un peu plus à l'aise.

Mon père lui aussi, poursuivait son rêve que la crainte et peut-être l'attrait d'une fin prochaine l'obligeaient à préciser. C'est en Bretagne, au bord de l'Océan, que le marin voulait se retirer, acheter un bateau, pêcher, mourir. Pour trouver l'argent de cette nouvelle existence, de cette autre naissance, il n'y avait évidemment d'autre solution que de vendre la maison. Quitte à abandonner sa mère. La vie qui se prolongeait ici n'était plus d'ailleurs que la dérisoire caricature de ce qui avait été ; elle s'était retirée d'eux comme elle s'était retirée du jardin, définitivement tombé en friche. Tout en vivant côte à côte, chacun d'eux suivait seul le fil inexorable et mystérieux qui le conduisait au bout de son errance. La dernière fois que je vins, ce fut pour entendre l'annonce de la fin absolue à laquelle je ne m'opposai même pas. Un à un, les champs, les près, les bois, la vigne, tous les petits morceaux assemblés pendant un siècle de patiente épargne avaient été vendus au hasard des rencontres de café, sans qu'on sache même à quel prix. Le fils nourrissait sa mère de ce qui avait été toute sa vie et maintenant elle acceptait tout. Sans défense, sans projet autre que celui de son fils auquel elle ne croyait même pas, elle accepta de partir à l'asile.

C'est bien plus tard que je compris l'étendue de ma défaite ; moi qui étais si sûr de son amour, moi qui avais rêvé non pas de trouver en elle une vraie mère, mais bien d'être un peu plus que son fils, je devais découvrir que c'est à celui-ci qu'elle était restée fidèle jusqu'au bout ; aveuglément ; que, toute sa vie, elle l'avait aimé plus que tout. Fidèle encore à elle-même, elle continuait cependant à lutter, à se défendre à sa manière ; non pas contre Dieu mais contre ceux qui, en son nom, prétendaient lui imposer une soumission, un ordre qui ne seraient jamais les siens. « Tu sais, me dit-elle, les bonnes sœurs croient que je fais la prière comme les autres, et puis le chapelet ; mais je fais semblant, je ne fais que remuer les lèvres et lorsqu'elles viennent pour me dire bonsoir, je tourne la tête de l'autre côté pour faire croire que je dors ». Nous avons ri une dernière fois ensemble. La gangrène, qui avait lentement tué son homme, l'emporta en quelques jours. Rien n'avait été préparé : elle s'en fut à la fosse commune ; comme son fils, mort depuis plusieurs années, qui s'était évanoui dans la terre anonyme de l'île où il avait pu, pendant quelques mois au moins, chaque jour, revoir, entendre et sentir l'Océan où il avait peut-être eu jadis sa seule vraie place.

XI

Surprise par l'intrusion de ma voiture, la vieille s'est arrêtée au milieu de la cour, soupçonneuse, tandis que la volaille s'égaillait en tous sens. Soudain, elle a éclaté : « Je le savais, que t'étais là ! le boucher t'a vu quand tu montais au cimetière ! » Immédiatement, je pense à sa mère qui avait déjà cette façon brusque, déroutante, d'accueillir celui qui venait pour une visite d'amitié ; juste pour ne pas dévoiler trop vite le plaisir qu'elle en attendait. C'est vrai qu'après être allé à la fontaine, je suis monté au cimetière ; j'y ai retrouvé l'ordre de mes tombes, les inscriptions ; même les médaillons n'avaient pas vieilli. Miroir implacable de ma fidélité. Les noms de la dernière guerre sont venus garnir la face qui était restée vierge. J'avais oublié que le méchant garçon boucher était revenu de son stalag pour mourir ici, méconnaissable, dans les bras de son amoureuse, qui ne sera jamais satisfaite. Derrière le monument, mon grand-père n'est plus seul ; après son espèce d'infidélité et une longue absence, sa femme l'a rejoint ; ses os plutôt. Le voisin Victor leur tient compagnie, proche comme ils l'avaient tous souhaité et même son fils mal aimé est revenu lui aussi ; cette famille est refaite. Le temps a travaillé aussi pour le uhlan, dont je reconnais la dalle brisée. « Tu te rends compte, cent ans plus tard, sa famille est venue jusqu'ici pour retrouver sa tombe ; il paraît que c'était un pasteur. Il y a eu un grand repas de fête avec eux et maintenant on va réparer la tombe. » Je me souviens que je dansais dessus. Je dis qu'à la sortie du cimetière, j'ai voulu, comme on le fait toujours, monter jusqu'à Vareilles, voir les vignes, et admirer le paysage ; mais le chemin escarpé, cahoteux et si délicatement ombragé qui montait entre deux haies touffues d'aubépines, de néfliers et de prunelliers dont nous arrachions les baies au passage des charrettes de vendange, ce chemin s'arrête net au milieu d'un guéret. Sa trace et jusqu'à son souvenir dans l'espace ont disparu. Plus haut, sur la côte, toutes les vignes ont été arrachées ; à leur place, de grands champs de blé descendent en bandes molles vers la vallée. Ne restent sur la ligne d'horizon hivernale que quelques arbres sans feuilles qui achèvent d'endeuiller le paysage. Ils m'expliquent alors que dans les années cinquante, on avait décidé – à Blois ou à Paris, on ne sait pas – de faire de la commune un village-pilote de l'agriculture moderne, voué à la culture intensive du blé. Drôle de choix ; à moins qu'on ait voulu faire la démonstration que si c'était possible ici… « Alors, tu comprends, on a fait le remembrement… » Je ne me retiens pas : « Et bien sûr vous vous êtes tous battus ! » Il me dit que non, mais il reconnaît tout de même qu'il a été obligé de faire un procès à son voisin. « Et tu l'as gagné ? – Ben, non, le Président il a tout de suite été contre moi, parce que je parlais trop. » Ma copine à qui je rappelle nos vendanges s'énerve et court prendre une poignée de papiers dans le tiroir du buffet de la cuisine. « Tu vois, j'ai gardé tous mes droits de replantation, pour la vigne. » Comme pour se convaincre d'un avenir, elle affirme qu'elle en replantera quand elle voudra ; mais elle sait comme moi qu'il n'y aura plus jamais de vigne à Vareilles. Son mari est plus simple : « Au fond, tu vois, ici, c'est ben toujours pareil ; y a rien de changé. » Nous étions ensemble à l'école ; après ça il a été charretier dans la ferme et il a épousé la fille ; c'est dire qu'il ne compte pour rien, ici. Avec sa casquette à pompon posée sur le sommet de sa grosse tête ronde enfoncée dans un cou énorme, il ne manque pas une occasion depuis ce matin de me rappeler qu'il a toujours été un imbécile, mauvais élève en classe, qu'il n'a jamais eu d'instruction et que c'est tout juste s'il sait signer un chèque. Heureusement que j'ai reconnu à temps la petite lueur de malice au fond des yeux bouffis : on a l'habitude ici de tendre ce genre de piège aux citadins pour sonder leur naïveté. Je me dépêche de démentir et je vois bien qu'il en est content.

« Y a rien de changé ! ». Rien, à part la rivière, pourtant, à qui j'ai rendu tout seul ma première visite ce matin avant même de pénétrer dans le bourg : un pauvre courant d'eau de lessive blanchâtre dans lequel ondulent de longues algues molles comme celles qui n'apparaissaient jadis qu'à la fin de l'été, dans les bras morts. Et moi qui n'étais revenu ici que pour revoir ma rivière et ses truites, pour retrouver la trace que je croyais impérissable de mon bonheur d'enfant... Le vieux en convient : « Ah non, bien sûr, c'est plus la rivière que tu as connue dans le temps », et il m'explique : « C'est à cause du drainage, tu comprends ? et puis tous ces engrais, tous ces poisons qu'on balance dans les cultures... tout ça... forcément, faut bien que ça se retrouve au bout dans la rivière ! » Manifestement, il n'est pas trop d'accord avec ces pratiques, même s'il a l'air de s'en accommoder. Et puis, ce n'est sûrement pas lui qui en emploie le plus.

Je sais déjà qu'en l'espace de cinquante ans, il a tout juste pu tirer de la petite ferme dont sa femme a hérité de quoi manger et élever leurs trois enfants ; je vois bien aussi, à l'aspect des bâtiments, qu'il n'a pas eu les moyens de changer quoi que ce soit. C'est le passé qui vit là. Comme il dit : « J'ai jamais pu investir » ; il a juste appris le mot. A chaque fois que j'essaye de parler de moi, ils écoutent poliment mais la conversation s'éteint aussitôt. Toute ma vie ailleurs ? mon travail ? ma famille ? Pour eux, c'est comme une langue étrangère : des gens, des pays qu'ils ne connaîtront jamais, qu'ils n'ont pas envie de connaître. C'est au gamin, à lui seul, qu'ils continuent de s'intéresser, à celui que j'ai été, qu'ils ont connu. Avec moi, ils ne veulent partager que des souvenirs. Mes oublis, trop nombreux, les choquent d'ailleurs visiblement. « Ah ben, tout de même, tu te souviens ben de celui-là ?... » Ils diront sans doute après mon départ que j'ai fait des manières. Je me défends de mon mieux, mais mal : je suis en faute. Bien sûr, il y a beaucoup de morts dans la conversation. Des suicides, surtout ; cela me paraît dans l'ordre des choses : n'y avais-je pas pensé, moi aussi ? Tant d'ennui... un horizon si étroit... je comprends ; l'étonnement n'est pas qu'il y en ait eu autant ; c'est seulement d'apprendre qui a été frappé, et puis de rechercher dans ce qu'on a connu autrefois de cet enfant quelque signe annonciateur, une preuve qu'il ne pouvait pas en aller autrement. Mais il n'y en a pas : mystère de la vie, plus fort que l'étonnement. Il y a tant de choses d'ailleurs qui n'ont pas de sens ; pas de sens pour nous, aujourd'hui... C'est bien à Bellatour par exemple, qu'une patrouille américaine avancée – plus de cent kilomètres – est venue se perdre, par un après-midi d'août quarante-quatre ? Par petits groupes, tous les gens du bourg étaient montés pour voir. En redescendant, ils braillaient : « On est libérés ! » A Bellatour, dans ce même pré où les débris épars d'une troupe harassée et défaite avaient repris jadis quelques forces avant de fuir à nouveau, la nuit venue ; tandis que la triomphante armée Patton refaisait exactement le même parcours mais en sens inverse que la pauvre armée Chanzy de soixante et onze. Qui sait cela aujourd'hui ? Ce temps a basculé dans l'histoire et moi avec, sans même m'en rendre compte.

Depuis que nous parlons, c'est surtout à la musique des mots que je m'attache, à cet accent si bêtement imité par les Parisiens ; noms de famille, mais surtout noms de hameau, de ferme ou de château dont chacun est celui d'un fief vieux de mille ans : nom oublié, ou pire, ignoré mais si obstiné pourtant ; seul acteur véritable et durable de notre éphémère et sotte représentation. Petite satisfaction, pas si mesquine d'ailleurs, d'apprendre les mésaventures de tous ces acheteurs de châteaux qui ont cru acheter avec leur argent une histoire qui ne sera jamais qu'à ceux qui sont nés ici. Comme moi.

On va, comme on le dit encore, « faire un tour dans le bourg » ; il est assez fier me semble-t-il, de me montrer un peu partout. Ils sont d'ailleurs tous au courant de ma présence et je sens monter à nouveau le vieux sentiment d'encerclement, d'oppression collective. Pourtant, leur curiosité, leur empressement à me serrer la main, à m'embrasser, me touchent plus que je n'aurais cru. C'est sûr qu'ils sont sincères. Eux non plus ne me demandent pas ce que j'ai fait, comment j'ai vécu, qui j'ai aimé. Ma place n'est pas celle que je me suis faite, ailleurs, non, c'est celle que j'avais ici au milieu d'eux, « dans le temps » ; admirable expression qui revient dans toutes les phrases. Des anecdotes, des souvenirs, où je n'ai pas toujours le beau rôle. Puérilités qui attisent déjà mon envie de repartir. Cette image qu'ils ont de moi, périodiquement évoquée, entretenue et sans doute polissée, n'a jamais changé et ne changera jamais.

Quelque chose pourtant les agite aujourd'hui et sans doute les surprend : c'est que je sois revenu. A bien y réfléchir, ce n'était pas si sûr ! Je devine qu'ils sont heureux que je sois venu effacer ce doute et moi j'entrevois soudain une autre vérité, toujours refusée et toujours recherchée : je suis et je resterai toujours des leurs, mais ma vraie place parmi eux est celle d'un absent. Tous savent, bien mieux que moi encore, que je n'aurais pas pu vivre ici. Tous ont gardé la mémoire du temps où tout le village, et d'abord les miens, me préparaient, me poussaient au départ. Il y avait aussi dans leur attente l'espoir que je réussisse ; comme on attend que l'évadé réussisse. Quant à ma volonté, si fièrement affirmée jadis de crier mon mépris, ma souffrance d'avoir vécu ici, je découvre, un peu honteux, que ce n'était même pas un choix mais une nécessité vulgaire, inéluctable, organisée par la convergence de destins étrangers qu'ils avaient ressentie bien avant moi, en silence.

Aujourd'hui encore, notre conversation est bien plus riche de nos silences, de ce que nous taisons que de ce que nous disons. Elle m'a juste demandé, par exemple : « As-tu été voir "la" maison ? » et non : « ta » maison ; celle où tu avais été recueilli, puis heureux avant d'y être malheureux. Tout cela ne se dit pas ; elle sait, sans que je lui aie rien dit, que j'ai passé une vie à la chercher, à la retrouver, à la reconstruire. Ailleurs.

Cela s'est fait simplement ; une passante s'est arrêtée et elle a dit : « C'est nous qui avons racheté votre maison... si vous voulez nous rendre une visite ?... si cela vous fait plaisir, bien sûr... » Tout de suite, j'ai regardé le toit, et j'ai vu qu'il était refait de neuf. Ce toit, je le connaissais de l'intérieur, du grenier, dont je garde encore intacte dans mes narines l'odeur de poussière et de papier cuit au soleil sous le vasistas de verre. J'y passais de longues heures à lire des ouvrages enfermés dans une vieille malle de mon père : *Azyadé, Les chansons de Bilitis*, avec des illustrations qui me faisaient frémir ; tous les livres d'histoire aussi, dont je me nourrissais. Je n'avais pas manqué d'observer que les poutres transversales échappaient, comme on dit, de la sablière qui longeait le mur de façade ; du coup, il convenait de prendre au sérieux les jolies ondulations que le toit, de l'extérieur offrait aux regards. Que le vent ou la pluie fassent un peu plus travailler le bois et ce serait le drame. Il n'y avait plus assez d'argent bien sûr pour faire la réparation qui s'imposait ; malgré l'éloignement, depuis des années, la menace continuait de me préoccuper. Elle était même devenue le lien le plus vivant qui me rattachait encore à la maison de l'enfance. Rassuré maintenant, je puis consentir au plaisir que s'offre la nouvelle propriétaire en me montrant l'album de photographies consacré au chantier. Elle s'enhardit alors, révélant peut-être le vrai motif de son invitation. « Il paraît qu'il y avait un réseau d'arrosage enterré... mais on ne sait pas où étaient les prises... » Le jardin est sans ordre ; pas travaillé ; des arbres épars, n'importe où ; une rangée de framboisiers en plein travers ; des poules qui vagabondent partout. Mon Dieu, fallait-il que je voie cela ? Quel endroit ? Mais je pourrais encore dessiner sans me tromper le quadrillage des allées gazonnées et des allées de sable, retrouver la place des artichauts ou celle des groseilliers ! La tristesse presque tout de suite, me chasse hors de l'enceinte, mais je sais aussitôt que jamais plus je n'aurai besoin de revenir ici ; que cette maison a cessé de m'appartenir. La vie qu'elle continue à mener n'est plus que la sienne propre ; pour quelques années ou peut-être quelques siècles... Elle appartient à un autre monde que nous, à une autre dimension du temps. Et ce qui m'appartient à moi est ailleurs, aussi.

Au bourg, vit encore un homme assez âgé pour avoir connu mon oncle, un homme déjà, alors qu'il n'était encore lui-même qu'un enfant. C'est sa mère qui tenait le café près de l'église, dont sa propre fille vient de faire une superette. Je lui demande de me parler de ce mort dans l'espoir de mettre au jour, s'il existe, le fil mystérieux qui semble depuis quelque temps me conduire à lui.

Son souvenir d'enfant est hélas trop vague et se borne à l'évocation du grand chantier fleuri de mille neuf cent douze. C'est peu, mais suffisant tout de même pour voir vivre quelques instants le jeune homme sûr de lui et de son savoir-faire, qui a réuni femmes et enfants au lavoir pour confectionner les longues guirlandes de bruyère qui orneront les voûtes de l'église. Je parle de l'Angleterre, du Canada, de ces étapes dont on ne sait que le nom. Ni lui ni personne n'a jamais rien su de plus ; une carte postale qu'il sort tout exprès d'un vieil album, envoyée à sa propre mère, dit seulement : « Bon souvenir de Montréal ». « Je pense qu'il avait une certaine ambition », risque le témoin. Cela irait assez bien en effet, avec ce souvenir qui me revient soudainement en tête, propos d'une vieille femme dont j'ai perdu le nom et le visage, mais qui reste quant à lui bien précis : « Ta grand-mère – elle avait d'abord dit "ta mère" – lui préférait ton père, qui pourtant ne le valait pas ». Je n'avais vu là sur le moment qu'une petite méchanceté destinée à me rappeler une fois de plus qu'il n'y a pas lieu d'être si fier quand on a un père comme celui-là. A cet âge-là, n'est-ce pas, on ne voit pas plus loin que soi ! Le propos aujourd'hui prend une autre résonance. S'il n'avait été que l'expression d'une vérité toute simple qui ne montrerait sa force que plus tard ? Si l'ambition du fils aîné n'avait eu pour objet que de séduire sa mère, pour la convaincre de l'aimer un peu plus ? Et si une toute petite insuffisance d'amour, qu'on ne remarque même pas, suffisait à pousser l'enfant devenu homme hors du chemin de l'espoir ? N'ai-je pas moi-même vu, plus tard, un autre visage de la douce, de la tendre Mémère ?

Lentement, cruellement, la porte de ce tombeau un instant ouverte à la lumière se referme.

Le vieil homme avec lequel je continue à parler dans la pénombre vit seul au milieu de ses ouvrages pieux, mais il est plein de vie. C'est lui qui, trois fois par jour, quittant son fauteuil pour se rendre à l'église, s'en va sonner la cloche de l'angélus. « Il y a longtemps que nous n'avons plus de curé ; celui qui vient de temps en temps réside à trente kilomètres d'ici et il a douze paroisses à desservir. » Sans plus approfondir, nous convenons que c'est une autre religion mais sa foi, et peut-être bien la mienne, que je croyais morte, n'en sont pas affectées. Savent-ils, ceux qui entendent quotidiennement sonner la cloche, sans y penser, ce qui mourra quand le vieil homme s'arrêtera ? Lui, il est depuis longtemps au-delà ; il voit venir la mort mais sans la craindre ; ni la défier. En l'attendant, il vit. Comme quelqu'un qui a toute la vie devant lui. Alors que tant d'années nous séparaient quand j'étais enfant, je me sens aujourd'hui tout proche de lui, contemporain. L'âge pour lui, l'éloignement pour moi ont aboli le temps que les autres ont subi minute après minute sans rien voir changer. Nous portons le même regard sur ces deux mondes que rien ne sépare, deux images d'un film accéléré : celle d'un bourg vivant qui n'est peuplé que d'ombres et celle d'un village mort dans lequel s'agitent quelques vivants.

Renée Gatien est toujours là, vivante elle aussi, l'œil et le verbe vifs comme jadis. Impotente, elle ne court plus d'une table à l'autre dans son café pour servir les clients ; ils vont eux-mêmes chercher les verres et les bouteilles dans le placard vitré. Le choc, en revoyant le papier peint des murs, est énorme : c'est le même depuis un demi-siècle ! Les panneaux de réclame aussi, qui vantent des marques d'apéritif depuis longtemps oubliées ; voici la grande glace au mur, le billard, le coin où s'asseyait Pierre Martin. Je m'autorise à tutoyer Renée qui, très vite, se met à parler de mon père. Ce n'est pas pour en médire. Elle ne comprend pas où sont passés les dix tomes de l'encyclopédie en papier bible qu'elle aurait tant voulu acheter quand, au moment de partir, il vendait tout à l'encan. « Moi, je n'ai pas osé, regrette-t-elle, mais il y en a qui ont eu moins de honte que moi » et soudain, ce détail que j'ignorais, horrible : « Il est parti pour la Bretagne avec trois fois rien mais il a voulu emmener son âne ! » Pauvre Ginette. A-t-elle fini sous la charge d'une misérable charrette de goémon ou bien sous le maillet d'un tueur d'abattoir ? C'est toute ma révolte d'adolescent qui revient, celle qu'un jour j'avais jetée à la face du monsieur amical qui me conseillait « de prendre tout au sérieux et rien au tragique », et auquel j'avais retourné le compliment avec autant de sincérité que d'affectation : « Non, monsieur, tout au tragique, rien au sérieux ! »

La volubile Renée continue de parler et, soudain, elle affirme, avec une conviction qui me surprend : « Ton père, c'est la mort de sa femme qui l'a perdu. » Cantonné dans ma tristesse, dans trop de mépris, ai-je jamais pu comprendre ou seulement admettre ce chagrin ? Etranger pour un moment encore, je revois la scène : arrivé au carrefour des deux grandes allées bordées d'ifs, l'homme a soudain pressé le pas, traînant les pieds dans le sable humide et c'est presque en courant qu'il est arrivé devant la tombe, en coupant à travers les allées. Devant la pierre où le nom brille encore en lettres dorées, il a brusquement arraché son béret avec une sorte de colère ; maintenant, il le tourne et le pétrit entre ses mains nerveuses et il pleure ; silencieusement, pour lui ; puis il déplace un pot de fleurs, une couronne de céramique, pour se donner une contenance, pour toucher quelque chose ; quelque chose qui soit encore sa femme. A travers ses larmes, il ne voit même plus le gamin – huit, dix ans peut-être – qui vient de le rejoindre et qui attend, un peu gêné de ne pas pouvoir pleurer lui aussi. Ce matin pourtant, ils ont pédalé ensemble pendant quarante kilomètres contre le vent gris de la Toussaint pour venir jusqu'à Blois et, tout à l'heure, il faudra faire le voyage de retour en parlant de n'importe quoi, comme si rien ne s'était passé. « Tu sais, poursuit Renée, on ne lui a jamais connu d'autre femme... et puis on peut dire tout ce qu'on veut, mais il n'avait pas un sou de méchanceté ! »

Je n'ai jamais ignoré cela. Fut-il même responsable ? Il n'avait appris qu'à être un fils, pas un père ; et puis le temps a fini par effacer la longue rancune, à mesure que grandissait l'image d'un vieil homme silencieux, couché sur sa bêche, le père de tous les jardins que j'ai labourés à mon tour. La force de la découverte me ramène plus loin encore, comme si j'étais sans âge, vers le rêve d'un gamin impatient de vivre et qui s'envole, sûr de lui, sous les voûtes lambrissées de l'église tandis que s'égrène au-dessous de lui la troublante litanie des cantiques latins. Le pincement au cœur envahit ma poitrine comme au jour où j'étais tombé amoureux de la grande fille. C'est la même douleur ; exactement la même ; exquise pénétration. Et la vie qui s'ouvre, imprévisible, immense, quotidienne.

XII

Tout est dit ; l'inexcusable sentiment d'avoir aboli le temps me pousse à repartir vite, maintenant ; d'ailleurs, je serais de trop ici : la semaine qui s'achève va ramener à la maison tous les jeunes qui travaillent à la ville : employés de banque, mécaniciens, caissières. Demain, pour un jour, le bourg va revivre. Les grands-mères prêteront à leurs filles l'enfant qu'elles élèvent du lundi au vendredi tandis que les hommes, pères, fils, gendres seront ensemble à la chasse, puisque dans ce pays presque mort la seule distraction qui reste, c'est de tuer.

Avant de tout quitter, je me dirige une dernière fois vers la rivière ; pour un ultime tête à tête. Sitôt dépassée la dernière maison d'un lotissement nouveau à la sortie du bourg, j'aperçois la construction dont on m'a parlé : une station d'épuration dont les eaux souillées n'ont que quelques mètres à parcourir pour aller se jeter dans le flot vif mais déjà trouble ; « il faut bien que tout ça, ça s'en aille » comme dit mon vieux copain. Et c'est vrai aussi qu'il faut préparer l'avenir : c'est pour ça qu'on est en train de creuser un plan d'eau entre la route et la rivière afin de retenir en été les pêcheurs et les baigneurs dont le commerce local – une épicerie, deux bistrots – a besoin. En attendant, pendant quelques années, ce sera une carrière dont on extrait sable et gravier. Il n'y a pas de petites économies. Accoudé à la rambarde de la passerelle de bois où j'avais coutume d'arrêter mes pêches nocturnes, je me penche vers cette eau qui coule, sans que jamais s'y efface le reflet du ciel. J'ai toujours aimé voir l'eau couler. Machinalement, je cherche du regard l'éclair noir de la truite apeurée qui fuit sous la berge, mais l'avertissement déjà oublié me revient : « Ce n'est plus la rivière que tu as connue dans le temps ! »

Ah ! cessez d'accuser le temps ; ce n'est pas lui qui fait mourir les enfants mals aimés, ni les rivières d'eau claire. Ce n'est que le regard qu'on ne leur a pas donné, le geste qu'on n'a pas fait, l'imperceptible moment d'indifférence dont personne n'aurait pensé qu'il portait la mort en germe. Derrière le petit pilier de pierre où le courant se divise, sans effort et sans bruit, ne restera que le petit remous que je connais. Pour un autre enfant ; plus tard ; peut-être.

Cet ouvrage a été réalisé par la
SOCIÉTÉ NOUVELLE FIRMIN-DIDOT
Mesnil-sur-l'Estrée
en novembre 1994

Imprimé en France
Dépôt légal : novembre 1994
N° d'impression : 28966